社会人なら知っておきたい　社会人コンプライアンス検定試験　公式テキスト

コンプライアンスの落とし穴

第2版

日本コンプライアンス・オフィサー協会編
弁護士 長谷川俊明／前田智弥〔監修〕

経済法令研究会

第2版はしがき

　2020年10月に本書の初版が発刊され、おかげさまで初版3刷ののち、改訂をするに至りました。しかし、残念なことに、この3年の間にも企業の不祥事に関するニュースは後を絶たず、本書の校了直前にも、中古自動車販売会社による会社ぐるみの不祥事が大々的にマスコミ等に取り上げられているところです。

　第2版では、この3年の間にあった事件をベースにしたものを含めた5つの事例を追加しています。実際に上司や会社が不正行為を行っていた場合に、しかるべきところに通報することができるという内容（事例15）、法令違反とは言えないまでも、会社の評判を落としたりしてしまうことがあるという内容（事例16）、そのほか反社会的勢力への対応（事例31）などです。

　本書はもともと、社会人として法律の基本を知らず、いいことか悪いことかわからないうちにうっかりコンプライアンス違反をしてしまう、あるいは会社や上司の命令で知らず知らずのうちにコンプライアンス違反をしてしまう可能性のある新入社員や若手の社会人といった人を対象とした本でしたが、会社ぐるみの不祥事などは、上司や先輩にあたる中堅以上の人たちのコンプライアンスの知識や意識の欠如によるものと思われます。若いときにこのような知識を得る機会のないまま社会人を続けてしまった中堅以上の社員の方にも読んでいただければと考えています。

2023年8月

日本コンプライアンス・オフィサー協会

　本書『社会人なら知っておきたい　コンプライアンスの落とし穴』は、新入社員や若手の社会人向けにコンプライアンスをわかりやすく解説することを目的にしています。

　コンプライアンスは、いまや企業社会の最重点テーマになりました。コンプライアンスを「法令等遵守」といいかえたりしますが、対象は「法令」にとどまりません。守るべきいわば「掟」のような決まりごとも含みます。

　法律をとくに学んだことのない若手社員などは、知らず知らずのうちにコンプライアンス違反を犯しかねません。これをなくすには、さまざまなケースについて学べるように研修会に参加してもらうことがよいのですが、それも「コロナ禍」でままなりません。

　そこで、身近な事例を中心に解説した本書を執筆しましたので、まずはこれをよく読み、次に事例ごとに付いている確認問題で確認するようにしてください。そして、本書の内容や確認問題は、10月よりはじまる「社会人コンプライアンス検定試験」に対応しています。これらを読み、受験していただくことで、コンプライアンスの必須知識がおのずから身に付くよう、内容を工夫しました。

　身近な法律問題をわかりやすくかつ正確に解説するのは、じつは簡単なようでいて難しいのです。その点は十分に配慮してありますので、安心して本書を利用し「コンプラ感覚」を培ってくださることを願っています。

　2020 年 9 月

　　　　　　　　　　　日本コンプライアンス・オフィサー協会

目 次

第1編 コンプライアンスと法律のキソのキソ

第1章 コンプライアンスの基本 …………… 12

① なぜいま、コンプライアンスなのか

② コンプライアンスとはどのようなことか

③ なぜコンプライアンスが重要なのか

④ なぜコンプライアンス違反をするのか

⑤ コンプライアンス違反を犯すとどうなるか

⑥ コンプライアンス違反をなくすにはどうすればよいか

第2章 法律の基礎知識 ………………… 23

① どのような法令がコンプライアンスの対象になるか

② 契約とはどのようなものか

③ 契約はどのような場合に成立するか

④ どのような場合に契約上の責任を負うのか

第 1 編

コンプライアンスと
法律の
キソのキソ

第1章
コンプライアンスの基本

- ❶ なぜいま、コンプライアンスなのか
- ❷ コンプライアンスとはどのようなことか
- ❸ なぜコンプライアンスが重要なのか
- ❹ なぜコンプライアンス違反をするのか
- ❺ コンプライアンス違反を犯すとどうなるか
- ❻ コンプライアンス違反をなくすにはどうすればよいか

1. なぜいま、コンプライアンスなのか

　みなさんは、「コンプライアンス」という言葉を聞いたことがあるかと思います。その詳しい意味や内容はわからなくても、「悪いことをしないこと」くらいは何となく感じているでしょう。

　ニュースや報道で見られる、不祥事を起こした企業の謝罪会見で、「二度とこのような不祥事が起きないよう、コンプライアンスの徹底に努めてまいります」というフレーズをよく耳にします。

　最近、不正・不祥事について世間の見方は厳しくなってきており、一度、不正・不祥事を起こしたら、マスコミを通して多くの人の目にさらされ、非難や批判の集中砲火を浴びてしまいます。

　よく話題になる不正・不祥事の例を挙げると、以下のようなものがあります。

●個人の場合
- ●経理担当の従業員が会社のお金を着服した。
- ●金融機関職員が顧客から預かったお金を使い込んだ。

- 飛行機の操縦士やバスの運転手からアルコールが検出された。
- 男性教師が女子生徒にわいせつな行為を強要した。
- 飲食店のアルバイト店員が不適切な動画をネットに掲載した。
- 上司が部下に対してパワハラをした。
- 執拗にあおり運転を行った。

●企業の場合
- 決算書類の数字を改ざんして粉飾決算をした。
- 食品の産地を偽装して販売した。
- 売上を過少申告した。
- 品質データの改ざんをした。
- 架空取引によって売上を水増しした。
- 反社会的勢力と継続的に取引をしていた。
- 大量の顧客情報が流出した。

　ここに挙げた例はほんの一端であり、不正・不祥事は毎月のように起きています。では、これらの不正・不祥事は、最近、特に増えてきたのかというと、そうではありません。以前からありましたが、それが表に現れなかっただけです。

　では、なぜ最近それが表に出てくるようになったのかというと、たとえば次のようなことが背景にあると考えられます。

　内部通報制度ができたことで、一個人が組織の締め付けを気にせず企業内で起きている不正を報告できるようになったこと、また逆に、内部通報制度が機能していないことにより不正・不祥事の情報がマスコミに流されるようになったこと、さらに、ＳＮＳの普及によって小さな不正・不祥事もネットで拡散してしまうということなどです。このうち特に、このＳＮＳの力が大きいように思います。

　要するに、現代は、不正・不祥事を隠し通せない時代になっているということです。そういう意味で、今ほどコンプライアンスが重要になってきている時代はないといってもよいでしょう。

2 コンプライアンスとはどのようなことか

　さきほど不正・不祥事の例を挙げましたが、「自分は、そんな法を犯すようなことはしない」という人がほとんどかもしれません。しかし、コンプライアンスというのは、単に法律を守るということだけではありません。

　社会生活を営むうえで皆が守るべき社会的ルールや、社会人としての基本的マナー、さらには相手の立場に立った配慮ということもコンプライアンスに含まれます。

　今、各種ハラスメントが問題になっていますが、ハラスメントが行われる原因には、相手の状況や立場を考慮せず、自分の考えのみを強要するという点があり、そこには相手の立場に立った配慮が欠けているという面があります。各種の迷惑行為も、この相手の立場に立った配慮の欠如にあります。このように考えると、「相手の立場に立った配慮や思いやり」もコンプライアンスの内容の1つであるといえるでしょう。

　このようなことから、コンプライアンスについては、従前、「法令遵守」といわれていたこともありますが、現在では、社会的ルール・マナーなども含めて「法令等遵守」として、「等」の文字をつけるようになっています。

3 なぜコンプライアンスが重要なのか

　このようにコンプライアンスは、法令および社会的ルール・マナーなどを守るということですが、なぜそれが重要なのでしょうか。

　それは、健全なビジネス社会を築くための根本であるからです。ビジネスに限らず、すべての社会的活動は、信頼のうえに成り立っ

ています。

　一人ひとりが自分勝手で、私利私欲だけしか考えなかったとしたら、社会はどうなるのでしょうか。人を陥れ、人をだまして利益を得ることが横行したら、どうなるのでしょうか。自分の保身ばかりを考え、他人に責任を押しつけることが当たり前になったとしたら、どうなるのでしょうか。いうまでもなく、ビジネスも社会生活も成り立ちませんし、安心して暮らすこともできません。これは極端な例ですが、社会生活の根本はコンプライアンスにあるのです。

　企業は、さまざまな生産活動を行っていますが、1つの製品ができあがる過程には多くの人や企業との関わりがあります。たとえば、自動車をつくることを例にとって考えてみましょう。

　自動車は非常に多くの部品からできているといわれています。その部品をつくる人、その部品を組み立て製品に仕上げる人など、非常に多くの人が関わって1台の自動車ができあがっています。

　こうしてできあがった自動車は、関わった多くの人のプロ意識やコンプライアンス意識によって成り立っています。だからこそ商品としての価値が生まれるのです。もし、製造過程のなかで1か所でもコンプライアンスに反する手抜き行為があったとしたら、その製品は欠陥商品として大きな問題になります。

　一人ひとりのコンプライアンスがあってこそ企業の発展があり、社会の繁栄があります。だからこそ、コンプライアンスが重要なのです。

4 なぜコンプライアンス違反をするのか

　では、コンプライアンスは社会の根本規範であるにもかかわらず、なぜ違反する人が後を絶たないのでしょうか。それには、次の3つのパターンが考えられます。

(1) コンプライアンス違反と知らずに行ってしまう

　社会的ルールなどについては常識的なことも多く、それを知らずに違反するということはあまりないと思われます。また、知らずに違反したとしても、後で気がついたり、人から指摘されるだけですんだりすることも多いでしょう。

　問題になるのは、法律に関する違反です。以下、いくつかその例を挙げてみましょう。

①　著作権法違反

　インターネットに掲載されている写真や文章を勝手に自分の文書に貼りつける行為は著作物の複製にあたり、私的使用などの一定の例外にあたらない限り、著作権法違反となります。私的使用とは、テレビ番組を録画して後ほど見るような、家庭内などの限られた範囲内であることや、仕事以外の目的であることなどの要件を満たした使用のことをいいます。

　また、私的使用のための複製であっても、ＤＶＤのダビングを業者に依頼することは著作権法違反となります。これは、私的使用の場合、使用する本人が自分でコピーすることが条件となっているからです。

②　消費者保護法（消費者契約法等）違反

　個人顧客に対する販売勧誘に際して、将来の生活費の不安をあおり、合理的な根拠もなく投資商品を購入させることは消費者契約法に違反する行為です。また、高齢者が健康に不安を抱いていることを知りながら、合理的な根拠もなく病状が回復すると言ってサプリメントなどを購入させる行為も消費者契約法に違反します。

③　会社法違反

　取締役の債務について会社が保証するなどの行為は、会社・取締役間の利益相反行為として、取締役会（取締役会を設置していない

会社の場合は株主総会）の承認が必要となり、承認がない場合、その保証は原則として無効となります。

④　道路交通法違反

自動車の酒気帯び運転が道路交通法で禁止されていることは多くの人が知っていますが、自転車についても酒気帯び運転が禁止され、罰則も科されることは、意外と知られていません。

ですから、「そんなに酔っていないから大丈夫」と軽い気持ちでお酒を飲んで自転車に乗るケースが多く見られます。しかし、自転車による酒気帯び運転は道路交通法に違反するだけでなく、歩行者を転倒させ死亡事故を起こす危険性もあります。その場合、莫大な損害賠償責任を負うこともあるという点を認識する必要があります。

これらは法律を知らないことによってコンプライアンス違反をしている例ですが、そのようなことがないよう、身近な法律、自分の仕事に関係する法律、さらには業界のルールなどについて正しい知識を身につけることが重要です。

(2)　コンプライアンス違反と知ったうえで行ってしまう

コンプライアンス違反と知ったうえで行ってしまうことについて、特にそれが犯罪行為であれば、「刑罰を受けることがわかりきっているのに、なぜそんなことをするのか」と疑問に思うでしょう。しかし、いけないことだとわかっていても、つい出来心でやってしまうことがあるのです。その違反行為が、誰にも知られなければ、再びやってしまい、それを繰り返すことによって最後は取り返しがつかない事態に陥ってしまうことがあります。

たとえば、借金の返済に窮して会社のお金に手を付けてしまうことがあります。悪いと思いつつも、「盗むのではない、一時的に借りるだけだ」と自分に言い聞かせ、会社のお金を使うというもので

す。しかし、補てんするお金も借金をすることになるので、再び会社のお金に手を付けてしまうことになります。そのうち、誰にも気付かれなかったという安心感から、「こういう形でやっても大丈夫」と思うようになり、それを繰り返すようになっていきます。しかし、何かの機会に使い込みがばれ、そのときになって初めて自分が犯した罪の重大さに気がつき、後悔の念にかられるのです。

　心しなければならないことは、お金に関する不正は、いつか必ず発覚するものだということです。

　また、粉飾決算は、多くの一流企業でも起きてきた企業不祥事の定番のようなものですが、それが問題であるとわかっているのに行ってしまうのは、経営陣に、会社の業績低迷・悪化を隠すことが会社および自分たちを守ることになるという誤った考えがあるからでしょう。

　しかし、粉飾決算を続けることはますます自分たちの首を絞めることになり、それが発覚したときには、多額の賠償金支払と刑事罰が待っているということを心にとどめておく必要があります。

(3)　安易な気持ちで実行してしまう

　私たちは、「この程度ならいいだろう」と安易な気持ちでコンプライアンス違反をしている場合があります。

　たとえば、飲み会の席で顧客情報を軽い気持ちで話してしまう場合などです。その顧客が有名人であれば、「自分はこんなことも知っている」などと、つい自慢げに話したくなります。

　また、業務で使っている会社の物品を勝手に家に持ち帰って使うこともコンプライアンス違反です。会社から支給された消しゴム1個を家に持ち帰って使う程度のことであれば、会社の損害としては大したことはないと思うかもしれません。しかし、このようなルーズな意識が大きな問題を起こす引き金になるのです。

　また、顧客から集金したお金を流用するという行為もよくある例です。本人としては、「一時的に借用するだけから問題ないだろう」という安易な気持ちで行っている場合が多いと思いますが、このような行為はれっきとした犯罪であり、刑法上の横領罪に該当します。

　これらは、「これぐらいは大丈夫だろう」という安易な考えから起きています。コンプライアンスに対する安易な意識が大きな不正・不祥事をひき起こすこともあるので、小さなことでもコンプライアンス違反は絶対にしないという意識が大切です。

5 コンプライアンス違反を犯すとどうなるか

　コンプライアンス違反を犯した場合、どのような代償を払うことになるのでしょうか。

　不正・不祥事の程度や種類によっても異なりますが、会社においては、軽いものであれば、配置換え、昇給・昇格の見送り、減給、退職勧奨という処置が考えられます。このような処置を受けた場合、他の従業員からは冷たい視線を浴び、会社における自身の将来を失うことにもなります。さらに、刑事告訴をされるような事態になれば、裁判の行方にかかわらず、会社から懲戒解雇されることは間違いありません。そのうえ、罰金、懲役などの刑事罰を受けることにもなりかねません。

　このような結果になったとしたら、本人はもとより家族も多大な被害を受けることになり、ひいては一家離散という悲惨な状況にもなりかねません。要するに、重大なコンプライアンス違反を犯した場合、人生を棒に振ってしまうということです。

　不正・不祥事に手を染める前に、「これをやったら自分も家族も人生が台無しになるというリスクがある」、そして「そういうリスクを冒してまで不正・不祥事を起こすのか」ということを自問自答

してみることです。

　企業が組織としてコンプライアンス違反を犯した場合は、所轄官庁から業務改善命令や業務停止命令を受けることもあります。さらに、マスコミにたたかれ、企業としての信頼を失ってしまうことにもなりかねません。ビジネス社会の根本である信頼を失ってしまえば、取引業者や顧客は離れていき、最終的には倒産に追い込まれてしまいます。

　個人においても企業においても、コンプライアンス違反を犯した代償は取り返しがつきません。このことを肝に銘じ、誠実な行動を心がけていくべきです。

6 コンプライアンス違反をなくすにはどうすればよいか

　コンプライアンス違反をなくすには、前述の「4　なぜコンプライアンス違反をするのか」において述べたことを心にとどめておくことです。

(1)　何がコンプライアンス違反になるかを知る

　前述4(1)の「コンプライアンス違反と知らずに行ってしまう」については、何がコンプライアンス違反になるのかを知るということです。

　自分の仕事に関係する法律や業界ルールを知ることの大切さは前述のとおりですが、基本的な契約のルールを知ることも大事です。ビジネスは、ほとんどが契約で成り立っています。物の売買、業務や事務の委託、賃貸借、保証・担保の設定など、すべて契約でなされています。それらの契約がどのような場合に成立するのか、どのような場合に契約違反となるのかなどを知ることが大切です。

　そうはいっても、すべての契約についてその内容を知ることはで

きませんので、最低限、自分の仕事に関係する契約について知っておくべきです。それが、相手からのコンプライアンス違反による責任追及を防ぐことになるからです。

　また、日常生活におけるコンプライアンス違反については、各自治体の条例についても知っておく必要があります。たとえば、ゴミの収集や自転車の駐輪、たばこの禁煙などです。

⑵　コンプライアンス違反をしないという強い意志をもつ

　前述4⑵の「コンプライアンス違反と知ったうえで行ってしまう」については、コンプライアンス違反であることを知ってあえて行うということですので、よほど悪質か、切羽詰まった事情があると思われます。

　罪を犯すという明確な意図のもと行う悪質なものは論外として、やむにやまれぬ状況下で行うコンプライアンス違反については、その代償がその後の人生に大きな影響を及ぼすものだという認識のもと、強い意志をもって自分自身に打ち勝つことです。

　また、企業における組織ぐるみのコンプライアンス違反の場合、組織の一員としてそれを拒むことは仲間や企業への裏切りとみなされ、つい不正・不祥事に手を染めてしまうことが少なくないようです。しかし、コンプライアンス違反は、それを行う側にどんな理由や事情があろうと、正当化されるものではありません。内部通報制度や公益通報者保護制度を利用するなどして、不正・不祥事をただすべきです。

⑶　身近なところからコンプライアンス意識を高めていく

　前述4⑶の「安易な気持ちで実行してしまう」については、社会的ルール・マナーなども含めてコンプライアンス意識を高めていくしかありません。それには、日常における小さなことにも意識をも

つことから始めるとよいでしょう。

　たとえば、朝のゴミ出しのルールを守る、傘をさしながら、スマートフォンを操作しながらの自転車走行をしない、赤信号での横断はしない、仕事と私用の公私混同をしない、取引業者からの過度な接待には応じないなど、小さなことからルールを守っていくという姿勢がコンプライアンス意識を高めることにつながっていきます。

　そうすれば、「この程度ならいいだろう」から「この程度でもダメなのだ」という意識に変わっていくのではないでしょうか。

⑷　見て見ぬふりをしない

　前述の(1)～(3)は、自らがコンプライアンス違反をしないということですが、防止という観点からは、違反について見て見ぬふりをしないということも大切です。

　会社内の不正については、会社における自分の立場や人間関係などを考え、つい見て見ぬふりをしてしまいがちです。しかし、そういった「事なかれ主義」「波風を立てたくない」という姿勢が会社全体のコンプライアンス風土を低下させてしまいます。

　世間一般には、「自分に関係ないことは他人にとやかく言うべきではない」という風潮があります。しかし、このような風潮をそのままにしておくと、一方では、コンプライアンスの徹底をしつつ、他方では、コンプライアンス違反を放置してしまうという結果になりかねません。

　会社のためを思うのであれば、不正は不正として、勇気をもってその事実を会社に報告すべきです。

第2章

法律の基礎知識

❶ どのような法令がコンプライアンスの対象になるか
❷ 契約とはどのようなものか
❸ 契約はどのような場合に成立するか
❹ どのような場合に契約上の責任を負うのか

1. どのような法令がコンプライアンスの対象になるか

　コンプライアンスの対象となるのは、法令のほか、社会的ルール・マナーなども含まれますが、その中心となるのは何といっても法令です。では、法令とはどのようなものか、また、どのような法令がコンプライアンスの対象になるかを考えてみましょう。

(1) 法令とは、法律、政令、省令等のことである

　法令には、法律、政令、省令等があります。

　まず、法律は、国会での審議を経て成立するものです。

　政令とは、政府（内閣）が出す命令のことです。一般的に、ある法律についてその法律では定められていない細かな部分を定めた施行令が政令として出されます。

　省令は、各省庁から出される命令です。一般的に、ある法律や政令についてそれらでは定められていない細かな部分を定めた施行規則がその法律を管轄する省庁から出されます。

　なお、法律が各省庁にまたがるようなもの（たとえば、犯罪収益移転防止法など）については施行規則が内閣府令として出されます。

法令を遵守するという場合、法律だけでなく政令・省令・内閣府令で定められた施行令・施行規則なども対象になります。

(2)　法律の規定には強行規定と任意規定がある

　法律の規定には、条文で定められたとおりにしないと無効となるという規定と、条文で定められた内容とは別に当事者間で自由に決めることのできる規定があります。前者を強行規定といい、後者を任意規定といいます。

　強行規定は、公の秩序（国家社会の秩序）などに関する規定のことをいい、当事者の意思で変更することはできません。このような規定は、憲法や刑法などの公法に属する法律に多くみられます。

　一方、任意規定は、当事者の自由に任せてもさしつかえない規定で、民法などの私法（私人間の関係を規定した法律）は、多くが任意規定となっています。

　ただ、私法のなかにも強行規定があります。民法の物権（所有権など）や、親族・相続に関する規定、また、債権者など第三者の利害に関わりの多い会社法の規定の多くは強行規定です。

　コンプライアンスという観点からは、まず強行規定を守ることから始めなくてはなりません。その違反は、刑罰をもたらし、契約が無効になることもありますので、こうしたことを避けるためにもコンプライアンスを徹底すべきです。

(3)　任意規定とは異なる特約に注意する

　民法の規定のなかでも、契約関係の規定は多くが任意規定になっているため、当事者が契約によって任意規定と異なる特約を自由に決めることができます。特約もしっかり守らなければなりません。

2 契約とはどのようなものか

　社会人には、法令を守る以前に守らなければならないことがあります。それは「約束」です。約束したことをきちんと守るということは、社会のなかで信頼されるための第一条件です。たとえば、誰かと待ち合わせの約束をした場合、約束の時間までに行くのは当然ですが、やむを得ず遅れそうなときは、必ず連絡を入れるということは社会人としての"常識"でしょう。

　ある人との約束が、お互いの権利・義務を発生させるような内容の場合、その約束は「契約」となります。契約が成立した場合、契約上の義務を果たさなければ、相手から契約違反を主張されます。

　たとえば、ある物（甲）をAがBに売るという約束をした場合、Aは甲をBに引き渡す義務を負い、Bは甲の代金を支払う義務を負います。そして、A・Bがともに、互いの義務を果たすことによって契約の目的が達成されます。

　これを簡単にいえば、Aは甲を引き渡すという約束を守る、Bは代金を支払うという約束を守るということになります。

　契約におけるコンプライアンスで大事なことは、当事者間で決めた契約内容、すなわち約束を守るということにほかなりません。

3 契約はどのような場合に成立するか

(1) 契約は申込と承諾によって成立する

　契約はどのような場合に成立するのでしょうか。これを一般的に定めているのは、民法です。民法では、契約は「申込」と「承諾」の意思が合致したときに成立するとされています。

　たとえば、ある品物を1万円で売ります、という「申込」に対し、その条件で買いますという「承諾」があれば、売買契約が成立します。

(2) 契約は口頭でも成立する

　契約というと、重々しい感じがして、書面がないと効力がないようなイメージもありますが、法律に特別な規定（書面でしなければ契約の効力が生じないという規定）がない限り、契約は口頭でも成立します。

　実は、口頭での契約は私たちの日常生活のなかにも深く入り込んでいます。たとえば、会社や学校に行くために電車に乗ると、鉄道会社との間で旅客運送契約をしたことになります。コンビニエンスストアで雑誌を買えば、それは売買契約をしたことになります。

　こうしてみると、私たちが何気なく行動していることの多くは契約に基づいていて、それらはほとんどが口頭による契約によるものです。

　このような口頭での契約は、いってみれば水や空気のようなもので、その存在を意識しないことがほとんどです。

(3) 契約は不測の事態が発生したときに意識することになる

　私たちが、日ごろ契約について意識しないのは、それらの契約に何の問題も発生していないからです。しかし、"不測の事態"が発生したときは、いやでも契約の存在を意識せざるを得ません。

　たとえば、近くのスーパーで購入した弁当を食べたことが原因で食中毒になったとします。それによって、仕事を1週間も休まざるを得なかったとなれば、休業補償や治療費などをスーパーあるいは食品メーカーに請求することを検討するでしょう。

　それを請求するには、弁当の購入契約がいつどのような内容で成立したかが重要になりますが、それを立証するのがレシートです。一般に、レシートは、一定期間は保存しておいたほうがよいといわれるのは、契約の成立時期・内容を"立証"するためなのです。

4 どのような場合に契約上の責任を負うのか

　契約は、権利・義務についての約束がほとんどです。そのため、ある人と契約で約束をしたにもかかわらず、自分が約束どおりの内容を果たさなかった場合（これを債務不履行といいます）、契約の相手から損害賠償を請求されるおそれがあります。

　また、債務不履行があった場合、相手は、ある程度の期間を定めて催促をしたうえで、契約を解除することができます。

事例で学ぶ
社会人の
コンプライアンス

株式会社 X社

企業向けの研修教材や、大学受験、資格試験の学習教材などを制作・販売している会社。A君やB子さんなどが働いている。

A君（25歳）

X社の営業課の社員。入社して3年が経ち、仕事にも慣れてきた。本人はまじめに仕事をしているつもりだが、ついうっかりコンプラ違反をしてしまうことが多い。

B子さん（28歳）

X社の営業課で事務を担当している社員。
たまに営業もこなす。
まじめだが内気なところがあり、セクハラなどの被害に遭うこともある。

C課長（45歳）

X社の営業課の課長。課の成績を上げるために、多少行き過ぎたこともやってしまう。また、ハラスメントへの意識が薄く、部下には指導と称して、さまざまなハラスメントをしている。

D君 (20歳)

X社の営業課でアルバイトとして働いているいまどきの若者。
仕事への意識が薄く、ちょこちょこ仕事をさぼったりする。

博士 (？歳)

X社の法務部のベテラン嘱託社員。
コンプライアンスに詳しく、アドバイス等をしてくれる。

第2編では、オフィスや対お客さま、対取引先、プライベートの各場面で、みなさんがうっかり違反してしまう可能性のあるコンプラの違反行為について、事例をもとに解説をしていきます。

※ なお、本書の記載については、わかりやすさの観点から、法律上の正確な表記とは異なる場合もあります。より正確な表記については、該当する法律を参照してください。

オフィスにおけるコンプライアンス

❶ コンプライアンスを守ることの意義
❷ ビジネスで必要な私法上の原則
❸ 情報に関するコンプライアンス
❹ 刑事上の責任に関するコンプライアンス
❺ 労務に関するコンプライアンス
❻ 知的財産に関するコンプライアンス
❼ その他オフィスにおけるコンプライアンス

　第1章では、オフィスにおけるコンプライアンスについてみていきたいと思います。

　社会人として、社会の一般的なルールは当然守らなければなりませんが、オフィス（会社内）においては、上司や同僚、部下などの基本的な人間関係があるため、会社独自のルールや上司・部下との関係から、命令は何でも聞かなければならないような雰囲気になっているところもあるのではないでしょうか。役職や所属部署、与えられた職務というのは、会社が利益を上げていくための役割分担ですから、仕事に関係のないことについてまで強制されると、強制された従業員の士気にも影響します。また、業務も非効率となり、ミスやトラブルにつながりかねません。

　そのほか、意識をせずに行っている行為があるかもしれません。オフィスで起こりやすいコンプライアンス違反を事例形式で確認し、自分や周りの人を振り返ってみてください。

　オフィスにおけるコンプライアンスは、非常に幅広い内容になっていますが、難しいことをなるべくやさしく書いています。読めば「これはよくないことだよね」とすぐに理解できるでしょう。

1 コンプライアンスを守ることの意義

最初に、以下のような事例を考えてみましょう。

> B子さんは、駅からX社までの歩道において、早番のD君が歩きながらスマートフォン（スマホ）を操作している姿を見ました。
>
> B子さんは、D君に対して、歩きスマホをやめるよう注意しましたが、D君は「歩きスマホは法律で禁止されていないでしょ」と答え、悪びれる様子はなく、会社に向かって歩き去って行きました。

B子さんの注意に対して、D君は、「歩きスマホは法律で禁止されていない」と答えています。会社やその従業員は、法律を守っているだけでよいのでしょうか。

(1) コンプライアンスとは

コンプライアンス（compliance）とは従来、「法令遵守」と訳されてきました。しかし、現在では法令のみならず、企業の行動憲章や諸規定、社会のルールや習慣、マナーといった社会規範をも含めて遵守することを意味すると考えられています。そのため、法令違反だけではなく、社会のルールに違反する行為であってもコンプライアンス違反と捉えられます。

社会全体がコンプライアンスを重視するようになったことに伴い、以前であれば表面化しなかった企業内の不祥事であっても、従業員や取引先からの内部告発やSNSによる発信を通して、表面化するようになりました。そのため、企業で働く従業員もそうした時代の変化を認識し、コンプライアンスに真剣に取り組むことが求められています。

日本では、D君が言うとおり、歩きスマホを禁止する法律は制定

されていません。現在のところ、歩きスマホにより人を死傷させた場合は、刑法やその他の法律が適用され得ます（なお、2020年7月に、神奈川県大和市で、歩きスマホを禁止する条例が施行されました。以後、東京都足立区や荒川区でも同様の条例が施行されています）。また、民事上の責任も負うことになるでしょう。

(2)　コンプライアンスを守ることの意義

　歩きスマホについて規制する法律はありませんので、Ｄ君の行為を強制的に止めることはできないようにも思えます。しかし、事故を起こしてしまうと、相手がケガをしたり、場合によっては死んでしまったりすることがあります。そういった事故を起こさないために、法律がなくても社会のルール、習慣、あるいはマナーなどを守る、ということがコンプライアンスの基本的な意義なのではないでしょうか。

　法律で禁止されているからやらない、禁止されていないからやってもいい、というのではなく、法律で禁止されていなくても、それをしたり発言した結果、事故が起きたり、他人が不快な思いをしたりするかもしれません。社会人として、自分だけではなく、周りの人たちにも配慮して行動するべきでしょう。

　とはいえ、コンプライアンスの内容は非常に幅広く、どこからとりかかればよいかわからないかもしれません。まずは自分の身の周りの職場や私生活における場面でどのようなことが問題となるのか、について、最低限のルールである法律を学んでみてください。

2 ビジネスで必要な私法上の原則

(1) 法律を守ること、契約を守ること

　法律で禁止されていることを守らなくてはならない、ということは、すぐに納得できると思います。

　一方、契約は、ある人が申込をして、それを相手が承諾すれば（お互いが合意をすれば）成立します。しかし、学生が友達とする、破っても「ごめん！」で済むような約束とは違い、ビジネスにおいて契約を守らないと相手に金銭的な損害が生じるなど、社会が混乱する可能性があります。

　そこで、一度契約をしてしまった場合に、その契約が簡単に破られないよう、法律で一定の制限や決まりを設けているのです。

(2) 契約のキホン

① 契約を締結できるのは誰か（契約の主体）

　契約を締結できるのは誰でしょう。人と人とは当然にできます（未成年者の場合、原則として両親の同意を要しますが）。では、会社と人、会社と会社はどうでしょうか。これも、当然にできます。

　契約によって法律上の権利・義務の主体となるのは、個々の人（自然人）や、会社等（法人）となります。会社は人が動かしますので、会社の意思は、会社の代表者が表明することになります。その他、会社から契約を結ぶ権限を与えられた従業員が、お客さまと契約を結んで、企業活動を行っていくこともあります。

　なお、いくら契約でも、殺人を依頼する契約や愛人契約のようなコンプライアンスに違反するような契約は無効となります。

●**契約を締結できる人**
- 自然人（個々の人）：その人がほしいものを買う、売る、といった契約をすることができます。
- 法人（会社など）：会社が必要なものを買う、売る、といった契約を、法人の代表者や代理権限を有する従業員などが締結することによって契約の効果（権利や義務の発生）が会社に及びます。

② 契約を結ぶとどうなるか

契約の内容によりますが、売買契約の場合、一方が物を提供して、もう一方がその対価としてお金等を支払う、という具合に、物の引渡を求める権利とお金を支払う義務（裏を返せばお金の支払を求める権利と物を提供する義務）、つまり、権利と義務が発生します。

たとえば、Ａさんがお店（Ｙ社）から物を買うと、以下のような権利と義務がそれぞれ発生します。

物を買ったＡさん		物を売ったＹ社
●物の引渡を求める権利		●物を渡す義務
●お金を支払う義務		●お金の支払を求める権利

③ 契約が守られない場合はどうなるのか

契約をした双方が義務を果たすと、契約は終了します。しかし、どちらかが義務を果たさない場合は、㋐債務の履行の強制を裁判所に請求する（民法414条）、㋑損害賠償を請求する（民法415条）、㋒契約を解除する（民法540条〜）、といった方法などが認められます。契約をした人が死んだ場合は、原則として相続人がその権利・義務を引き継ぎます。

　なお、これは民法の一般原則です。ビジネスにおいては、たとえばお店とお客さまとの間の契約は消費者契約法などで、取引先との間の契約は下請法などで、別途規定が設けられています（後ほど事例で確認していきます）。

(3)　他人に迷惑をかけてしまったら

　契約とは違った話になりますが、一般社会においては、わざと、またはうっかりして、他人に迷惑をかけてしまうことがあります。こういった場合、被害者を法的に救済する制度があります。コンプライアンス違反で他人に迷惑をかけた場合に問題となることがあり、本書でもよく出てくる考え方ですので、頭に入れておいてください。

①　不法行為（民法709条）

　加害者の行為によって被害者に損害が出た場合、被害者は加害者に損害賠償を請求することができます。損害には、ケガなどの身体的な損害のほか、お金などの財産的な損害や精神的な損害（いわゆる慰謝料）なども含まれます。いずれにしても加害者の行為によって被害者が不利益を被った場合、加害者は被害者から不法行為によって損害賠償責任を問われかねない、ということです。以降、本書で出てくる「民事上の責任」とは、このことを指すことが多いです。

②　使用者責任（民法715条）

　不法行為責任は、通常、加害者に対して損害賠償請求ができるものです。しかし、たとえばX社のAさんが、営業中に社用車を運転していてGさんにケガをさせた場合はどう考えるべきでしょうか。
　ケガをさせたのはAさんですが、X社の業務中に行ったものです。このような場合、X社はAさんのような従業員を雇って利益を上げ

ていることなどを踏まえ、Gさんを保護するためにX社にも責任を負わせるべきだとするのが、使用者責任です。

③　不当利得（民法 703 条～）

　たまに、拾ったり、間違えて預金口座に振り込みがあったりと、何もせずにお金が入り込んでくることがあります。このような場合、自分のものにしてしまう人も少なからずいるでしょう。しかし、一方で損をした人もいるわけです。損をした人を救済するのが、不当利得の制度です。法律上、何の権利もなく利益を得てしまった場合、損をしてしまった人にその利益を返さなければなりません。

(4)　まとめ

　まとめると、法律で直接やってはダメと規定されていることは守らなければなりません。また、契約は、自由に相手を選んで、ある程度自由な内容の契約を結ぶことができますが、契約を結んだ以上は、それを守らなければなりません。

　また、会社に入ったら、会社が決めた規則や、会社との間で結んだ契約を守らなければなりません（事例 09 参照）。このように、社会人になったら、法律、契約、会社の規則などをきっちり守らなければなりません。

　そして、他人に迷惑をかけてしまったら、きちんと謝り、損害が発生していたら賠償をしなければなりません。

　最初は窮屈に感じるかもしれませんが、お互いがこれらのルールを守れば、安心してビジネスをすることができます。交通ルールは、みんなが守るから、青信号で安心して道路をわたっていけるのです。

　みなさんも、本書を学習して、ビジネスパーソンとして活躍してください。

3 情報に関するコンプライアンス

　職場においては、さまざまな情報があふれています。会社内部の規則や従業員の個人情報、扱っている商品・製品の情報、お客さまの情報など……。これらの情報は、外部に出してはならない情報と、販売につなげるため積極的に出す情報などに分類することができます。

　ここでは、外部に出してはならない情報の種類や、その規制について、みていきたいと思います。

　職場における情報を守るための規制は、大きく分けると、①守秘義務、②個人情報の保護、③営業秘密の保護、の3つとなります。

　守秘義務は、仕事を通じて知った秘密を漏らしてはいけない、という義務をいいます。個人情報の保護は、会社で個人情報を取得・利用する際には、個人情報の保護に関する法律（個人情報保護法）で定められた適切な方法で行わなければならない、というものです。そして、営業秘密の保護は、企業の守るべき機密情報を漏らしたり、不正に得て悪用したりすると、不正競争防止法により、民事上・刑事上の責任を負う、ということです。

　それでは、次の各事例より、それぞれの内容について、詳しくみていきましょう。

---

3 情報に関するコンプライアンス 〉〉〉〉〉〉〉〉〉〉〉〉〉〉〉〉〉〉〉〉〉〉〉〉〉〉〉〉〉

事例 01「お客さまの情報はいい宣伝になります」（守秘義務）

事例 02「顧客情報の取扱いは慎重に！」（個人情報保護）

事例 03「新商品の情報が他社に知られてしまった」（営業秘密）

01

お客さまの情報は
いい宣伝になります

守秘義務

事例

X社のA君は、新商品のセールスのためにPさんのお宅を訪ねています。
「今度の新商品の大学受験講座セットはとても評判がいいんですよ。Pさんのご近所のQさんのお子さんも、当社の教材でOK大学に合格したそうですよ！」
それを聞いたPさんは、教材を購入することにしました。

A君はセールスの際、説得力のある合格実績の話をしておるが、Qさんにとってはたまったもんじゃないぞ。

01 守秘義務とは

■ A君の行為は適切か

　守秘義務とは、一定の職業や職務を行う人などに課される、職務上知った秘密を正当な理由なく漏らしてはいけないという義務のことをいいます。弁護士などの一定の職業を除いて、法律などで直接規制されるものではありませんが、従業員の場合は会社と守秘義務契約などを結んでいることが多いと思います。

　事例でA君は、Pさんに「Qさんのお子さんは、これでOK大学に合格したそうですよ」と言っています。つまり、Qさんに教材を売ったときに知った「お子さんがOK大学に受かった」というお客さまの情報をPさんに話してしまっています。

　このとき、Qさんからの了解や、正当な理由があれば許されます。

正当な理由とは、たとえば法律の規定で許される場合（裁判での証言など）があてはまります。

2 守秘義務の範囲

守秘義務は、職務上知った秘密は守るべき、ということですので、個人のお客さまの情報のみならず、法人のお客さまの情報も、これに該当することになります。

3 守秘義務を破るとどうなるか

通常、従業員と会社との間で守秘義務契約を結んでいることが多いと思います。なぜかというと、お客さまの情報を勝手にほかの人に話すことは、不法行為が成立する可能性があることや、企業秘密が外部に漏れることを防止するためといった理由が考えられるからです。そうすると、話した本人だけではなく使用者責任のある会社が損害賠償を請求されたり、「あそこの会社はお客の情報を漏らす」といううわさが立って、お客さまに相手にされなくなったりするおそれがあります。

したがって、会社としてはそのようなことがないよう、守秘義務違反をした場合には、懲戒処分をしたり、会社が損害賠償請求をされて損害を受けた分を、守秘義務を破った従業員にも一部請求した

りすることなどを契約に盛り込み、防止をするわけです。

　A君は、会社との守秘義務契約違反で会社から懲戒処分を受けたり、Qさんから直接、不法行為による損害賠償請求を受けたり、会社が損害賠償請求された場合にその損害を会社から請求されるうえに、会社の評判は下がってしまう、という事態に陥りかねません。

⓪2 守るべき情報とはどのようなものか

　さて、守るべき情報とは、どのようなものでしょうか。

　確かに、Ｘ社の教材で、実在しているQさんの子どもがＯＫ大学に合格した、という話は教材の宣伝をするうえで説得力が増します。しかし、Qさんにとっては、子どもがどこそこの大学に受かった、という話はうわさの種にしかならず、不快に思うこともあるでしょう。ですから、「当社の教材で、ＯＫ大学に受かった人が（50人）います」というように、実名を出さずに真実の情報を伝えれば、誰も傷つきません。

　職務中に知った情報は、個人の情報であれ企業等の情報であれ、その個人や企業が特定や推測できないようにしなければ、他人に話すことはできません。

　セールストークを磨き、守秘義務に違反しない方法で売上を上げましょう。

確 認 問 題

〔問〕 Aさんの勤めるX社の顧客やX社の秘密保持について、適切な
ものは次のうちどれですか。

❶ AさんとX社との間で守秘義務契約を結んでいない場合、Aさん
は顧客情報やX社の営業上の秘密などを他人に漏らしたとして
も、法的な責任を負わない。

❷ Aさんが職務上知った顧客の情報やX社の営業情報を他人に漏ら
すことは、コンプライアンス上問題のある行為である。

❸ AさんがX社を辞めた場合、Aさんは顧客情報やX社の営業上の
秘密などを他人に漏らしたとしても、法的な責任を負うことはな
い。

　AさんとX社との間で守秘義務契約を結んでいない場合であっても、守
秘義務に違反するとともに、顧客情報を漏らすことは個人情報保護法に違
反する可能性があり、X社の営業上の秘密を他人に漏らすことも、不正競
争防止法に違反する可能性があります。よって、❶ は不適切です。

　Aさんが職務上知った顧客の情報やX社の営業情報を他人に漏らすこと
は、守秘義務に違反し、コンプライアンス上問題のある行為となります。守
秘義務は、法律の規定に該当するか否かを問わず、職務を行ううえでの義
務といえます。よって、❷ は適切です。

　AさんがX社を辞めたとしても、営業秘密を漏らせば不正競争防止法に
違反し、顧客情報については、就業規則や退職時の特約などにより法的な
責任を負うことになります。よって、❸ は不適切です。　　　**正解　❷**

02 顧客情報の取扱いは慎重に！

個人情報保護

事例　C課長は、商品である教材の購入を検討しているRさんに、Rさんの家の近くのレストランまで車で向かって教材の説明をしたところ、教材を購入してくれることになりました。しかし、個人情報に関する同意書を忘れてしまったため、とりあえず契約書に住所・氏名・電話番号・子どもの名前・志望校などを書いてもらい、後日、同意書に署名と押印をしてもらうことにしました。

　また、帰り際、車に戻ると車の鍵をかけ忘れていたことに気づきました。車内には「個人顧客リスト」（氏名、住所、会員番号などが記載された一覧）の入ったカバンが置いてありましたが、盗まれていました。

いやー、個人情報のリストが盗まれてしまった！
悪いのは泥棒で私は被害者だ！！

　C課長は盗まれた被害者といっていますが、本当の被害者は情報を流出されたお客さまです。IT社会の進展に伴い、個人のプライバシーが容易に不特定多数の人に拡散し得る状況が危惧され、その結果、個人情報を取り扱う事業者の義務を定めた個人情報の保護に関する法律（個人情報保護法）が制定されました。事例のような被害をなくすため、多くの事業者はこの法律を守らなければなりません。どのような法律なのか、みていきましょう。

01 個人情報保護法とはどのような法律か

　IT社会の進展に伴い、個人のプライバシーが容易に不特定多数

の人に拡散し得る状況が危惧され、その結果、個人情報を取り扱う事業者の義務を定めた個人情報保護法が制定されました。多くの事業者はこの法律を守らなければなりません。どのような法律なのか、みていきましょう。

　まず、個人情報保護法にいう「個人情報」とは、生存する個人に関する情報であって、氏名や生年月日などにより特定の個人を識別することができるものをいいます。たとえば、生年月日、性別、住所や電話番号、年齢、勤務先名、写真そのほかの情報から、これはA君の情報、これはC課長の情報、というように、その情報によって誰であるか識別することができる情報をいいます。

　そして、それらの個人情報を、パソコンなどで検索しやすいよう体系的に整理したものを「個人情報データベース等」といいます。

　この、個人情報データベース等を事業の用に供している事業者を「個人情報取扱事業者」と呼び、個人情報保護法が適用されます。つまり、事業のために集めた顧客等の個人情報を、パソコンのデータや帳簿などにまとめて検索しやすいようにしている企業や個人事業主には、個人情報保護法が適用されることになります。

⓪② 個人情報保護法の規制

　個人情報取扱事業者（以下、「事業者」という）には、どのような義務が課されているのか、説明していきましょう。

■ 情報の入手時の義務

　最初は、情報を入手する際の事業者の義務です。入手の際は、適正に取得することと、入手する個人情報の利用目的をできる限り特定する義務があります。そして、その利用目的はあらかじめ公表しておくか、情報の取得後、速やかにお客さま本人に通知または公表しなければなりません。契約書などに書かれた個人情報を入手する場合は、あらかじめ本人に利用目的を明示しなくてはなりません。

　つまり、事例でいえば、申込の際に利用目的（教材の送付のため、など）を文書などで伝え、Ｒさんの同意を得て申込書を書いてもらう必要があります。しかしＣ課長は個人情報に関する同意書を忘れ、Ｒさんの個人情報のみを得ており、利用目的を明示していない点で、個人情報保護法に違反することになります。

　なお、「できる限り特定する」とは、事業者が個人情報をどのような目的で利用するかについて、顧客本人が一般的かつ合理的に想定できる程度とされています。

■ 情報の保管・管理における義務

　次に、情報を得た後の保管・管理について、事業者に課せられている義務をみてみましょう。

① 利用目的の制限

　事業者は、お客さまに伝えた利用目的以外の目的で、個人情報を利用してはいけません。「教材発送のため」に住所を聞いたのに、新商品案内のＤＭを送りつけたりしてはいけないということです。

② 安全管理措置

　事業者は、個人データの漏えいなどの防止等、安全管理のために必要かつ適切な措置をとらなければなりません。具体的には、個人

情報の取扱いに関する規程の策定や、従業者の教育、情報の取扱区域の管理などです。

③ 従業者・委託先の監督

事業者は、社員などの従業員が個人情報保護法を守るよう、従業員の監督をする必要があります。たとえば、就業規則にその旨を定めて守らせる、などです。さらには、個人情報データのとりまとめを、データ処理会社に委託して行う場合には、契約にその旨を盛り込むなど、委託先の監督も必要です。

④ 第三者提供の制限

事業者は、本人の同意や法律の規定がないのに、入手したお客さまの個人情報を第三者に渡してはなりません。第三者とは、情報を得た事業者以外の人や法人ですが、前述のようなデータ処理の委託先であるデータ処理会社などは第三者に当たりません。

事業者には、前述のような義務が課されていますが、当然、そこで働いている従業員にもこれらを守る義務があります。そのため、守秘義務契約や就業規則などで、従業員に対して個人情報などが漏れないように規定しているはずです。

C課長のように、顧客データを車内に放置したうえ、鍵をかけ忘れた行為は、安全管理措置義務違反を問われかねない行為です。

⑩③ 情報が漏えいしてしまったら

事業者が個人情報を漏えいした場合、個人情報保護委員会から是正勧告、是正命令がなされます。この是正命令に違反した場合、違反した従業員は、懲役や罰金刑に処せられます。

また、事業者は、①内部における報告・被害の拡大防止、②事実調査、原因究明、③影響範囲の特定、④再発防止策の検討・実施、⑤影響を受ける可能性のある本人への連絡、⑥事実関係、再発防止

策等の公表を行うことが望ましいとされています。また、漏えいが個人の権利利益を害するおそれのある時は、個人情報保護委員会や本人への通知が必要となります。さらに、被害者から、不法行為や使用者責任にもとづく損害賠償を請求される可能性があります。

　事業者としては、個人情報が漏れないように情報管理を徹底し、情報を扱う従業員を教育するほか、情報処理などを他社に委託する際はその管理監督を行うといった予防措置をとり、それでも情報が漏れた場合は、前述のような対応を積極的に行い、信頼回復に努めるべきです。

（04）まとめ

　個人情報が漏えいするリスクを減らすための社内整備としては、まず、守秘義務契約や就業規則などで、従業員に対して会社で扱う個人情報などが漏れないように規定されているかを確認します。そして、研修等での規定の周知や徹底をするべきでしょう。

　個人情報を入手する際は、利用目的をできる限り特定して、本人の了解を得ますが、通常は事業者ごとに書式があり、それをお客さまに読んでもらい、同意を得ることになります。

　最後に、入手した個人情報の保管・管理方法としては、以下のようなものが考えられます。

・紙の顧客リスト等は、鍵のかかる棚で保管する。
・紙の顧客リスト等を持ち出す際、上司の承認を得るルールとする。
・顧客リストのデータ等には、パスワードを設定する。
・顧客リストのデータが入っているパソコンにはウイルス対策ソフトを入れる。
・専門の情報処理会社で、会社の全データを管理してもらう。

　また、一定の保存期間を超えて不要になった個人情報は早期に破棄するといった対応をすれば、リスクはさらに減ることになります。

確 認 問 題

〔問〕 Ｘ社が顧客の個人情報を取り扱う際の、担当者Ａさんの行動として、適切なものは次のうちどれですか。

❶ 顧客Ｂさんの病歴などの、いわゆる要配慮個人情報を取得したので、数日後にＢさんに連絡をして、病歴などの情報を得たことについて同意を得た。

❷ 顧客Ｃさんほか多数の個人情報のデータを処理するため、Ｃさんらの同意を得ずに、委託先のデータ処理会社であるＹ社に個人情報のデータを渡した。

❸ 顧客Ｄさんに販売した商品の管理を目的としてＤさんの住所などの個人情報を保管していたが、Ａさんは新商品のセールスのためにＤさんの住所あてにDMを送った。

　「要配慮個人情報」とは、不当な差別、偏見その他の不利益が生じないように取扱いに配慮を要する情報をいいます。要配慮個人情報には、人種、信条、社会的身分、病歴、犯罪歴、身体・知的・精神障害などがあること、健康診断の結果等が該当します。要配慮個人情報を取得する場合は、利用目的の特定、通知または公表に加え、あらかじめ本人の同意が必要です。取得後ではいけません。よって、❶ は不適切です。

　入手した個人情報を第三者に提供する場合は、本人の同意を必要としますが、情報処理や管理を委託するデータ処理会社などは第三者にあたらないため、本人の同意を得る必要はありません。よって、❷ は適切です。

　個人情報を入手する際、その利用目的を明示しますが、利用目的と違う用途で個人情報を勝手に利用することはできません。よって、❸ は不適切です。　　　　　　　　　　　　　　　　　　　　　　　　　　　　　**正解　❷**

03 新商品の情報が他社に知られてしまった

営業秘密

事例

X社は、新たな商品を開発することになり、C課長は会議で、新商品の開発について知りました。会議では「社内限りの秘密情報とすること」といわれていましたが、会社のサーバーに新商品情報のデータがあったのでプリントアウトをして持ち歩いていました。ところが喫茶店で見ていたら、偶然、同業会社のZ社のSさんに見られてしまったのです。

その後、Z社から同様の商品が、X社より先に発売されました。

営業上の機密情報は、会社がしっかり守る姿勢を示していれば法律で守られるんじゃ。

01 営業秘密とはどのようなものをいうか

「営業秘密」とは何でしょうか。他人に漏れては困る会社の機密情報、ということになりますが、おそらく会社ごとにその内容や秘密の管理方法は異なるでしょう。そのため、不正競争防止法では、守られる営業秘密とはどのようなものかを定義したうえで、営業秘密を侵害された場合の法律上の保護手段を規定しています。

1 営業秘密とは

営業秘密とは、①秘密として管理されていること（秘密管理性）、②事業活動に有用な技術上または営業上の情報であること（有用性）、③公然と知られていないこと（非公知性）の３つの要件を満たすものとされています。それぞれ、詳しくみていきましょう。

① 秘密管理性

　これは、会社がその情報を秘密として取り扱う必要がある、ということです。ただ、従業員がそのことを認識しているかどうかはわかりません。そのため、情報が記載された文書に㊙マークを施すなど、その情報には特定の人しかアクセスできないような対策がなされていなければなりません。

② 有用性

　有用性とは、財やサービスの生産、販売、研究開発に役立つなど、事業活動に有用であるということです。たとえばマーケティングのデータや新製品に関する実験データなどがこれにあたります。

③ 非公知性

　非公知性とは、一般的には知られておらず、または容易に知ることができないものをいいます。

2 X社の新商品の情報は営業秘密といえるか

　事例の新商品情報は、この3つの要件を満たしているでしょうか。
　まず、新商品の情報ですから、有用性は認められるでしょう。次に、非公知性も認められると考えられます。ただ、秘密管理性については、会議で秘密情報とすること、となっていたものの、新商品情報がサーバーに置いてあり、C課長が簡単に入手することができる状況であったことを考えると、秘密管理性が認められるかどうかは微妙なところで、これは裁判などで明らかにされることになります。

⓪② 営業秘密を漏らした場合、どうなるか

不正競争防止法は、営業秘密を盗んだほか、故意に（わざと）漏らしてしまった場合、民事上・刑事上の責任を負うものとしています。

不正競争行為として民事上の責任が発生するのは、営業秘密にアクセスする権限のない者が情報を不正に取得して使用したり、他人に開示（情報提供）したりする場合のほか、アクセス権限があったとしても、自分の利益のため、または会社に損害を及ぼそうとして使用したり、他人に情報提供したりする場合です。

一方、開示された他人については、営業秘密であることを知って使用したり、さらに他人に情報提供したりした場合に、不正競争行為として民事上の責任が発生することになります。

C課長は、新商品の情報を会議で聞いており、アクセス権限も持っているようですので、不正競争行為には該当しないと考えられます。ただ、持出禁止のデータを勝手に持ち出して結果として漏えいしてしまったことは、重過失として故意に近い著しい注意欠如が認められかねません。また、Z社のSさんは、そのデータをのぞき見して新商品に繋げています。これは、権限のない者が不正に情報を取得し、使用したと認められる可能性が高いでしょう。

不正競争行為には、民事上、被害者に差止請求権や損害賠償請求権が認められます。なお、営業秘密に係る不正競争行為には、10年以下の懲役や2,000万円以下の罰金等が科されます。

⓪③ まとめ

営業秘密については、まず、会社内で「秘密」として取り扱い、しっかりと管理しないと、法的な保護を受けることはできません。

これを機に、情報の整理・棚卸をしてはいかがでしょうか。

確 認 問 題

〔問〕 オフィスにおける顧客情報等の管理に関する記述について、適切でないものは次のうちどれですか。

❶ 自分の会社のサーバーにある販売先企業の一覧データを、データを業務上必要としない従業員が簡単に入手することができるような社内体制のもとでは、当該従業員が同データを入手して他社に提供したとしても、不正競争防止法に定める「営業秘密」として保護されない。

❷ 顧客の個人情報は、顧客がその会社に目的をもって提供をしたものであるから、刑事訴訟のために警察からの要請があれば提供をしなくてはならないが、民事訴訟のための裁判所からの要請は、顧客保護のために断らなければならない。

❸ 顧客名簿などをデータ等で備えている会社は、その規模を問わず個人情報保護法における個人情報取扱事業者に該当し、その会社に勤める従業員も、個人情報を本人の同意なく第三者に提供してはならないといった個人情報保護法上の義務を負うことになる。

　営業秘密として保護されるためには、①秘密管理性、②有用性、③非公知性の要件を満たさなければなりませんが、データを業務上必要としない従業員が簡単に入手できる状況では、①秘密管理性の要件を満たしているとはいえず、保護されません。よって、❶ は適切です。

　個人情報取扱事業者は、あらかじめ本人の同意を得ずに、個人データを第三者に提供できませんが、法令に基づく場合や人の生命、身体または財産の保護のために必要がある場合などには同意は不要とされています。警察も裁判所もそれぞれ法律に従って要請しているので、❷ は不適切です。

　顧客名簿などをデータ等で備えている会社は、その規模を問わず個人情報保護法における個人情報取扱事業者に該当し、その従業員も、個人情報保護法上の義務を負うことになるので、❸ は適切です。　　　**正解　❷**

4 刑事上の責任に関するコンプライアンス

　オフィスにおけるコンプライアンスについては、さまざまな内容があり、規制する法律もさまざまである、ということは既に説明しました。

　本項では、刑事上の問題があることに気がつかずにしてしまうような行為を中心に、具体例とともに解説していきます。

　刑法という法律があることをご存じの方は多いと思います。しかし、刑法は自分には関係ない、と思っている方も多いかと思います。

　しかし、本当にそうでしょうか。通常のオフィス等で問題になり得る刑法上の罪をピックアップしてみると、以下のようになります。

　みなさん、心当たりはありませんか？

・窃盗罪：他人の物を自分のものにすること
・横領罪：自分の手元にある他人の財産を自分のものにすること
・文書偽造罪：権限のない人が作成者や内容を変えて文書を作ること
・暴行罪・傷害罪：他人に暴力を振るったり、ケガをさせたりすること
・名誉毀損罪：他人の名誉を毀損する発言等をすること
・詐欺罪：相手をだまして、お金や財産上の利益を得ること

　それぞれについて、具体的な事例で解説します。また、暴行罪や傷害罪なども意外と起こり得る事例です。これについては、第4章プライベートにおけるコンプライアンスで詳しくみるほか、オフィスではパワー・ハラスメントとのかかわりで問題となってきます。

　なお、刑法によって罪が成立するには、以下の3つのプロセスを踏むことになりますが、本書では、構成要件に該当したことをもって、○○罪が成立する、と解説していますのでご了解ください。

● 刑法犯（故意犯）として認められるプロセス

構成要件に該当するか	刑法の条文に書かれている要件（構成要件といいます）に該当している必要があります。
違法性阻却事由に該当するか	正当防衛や緊急避難など、法益侵害行為が正当化される事情があれば、違法性が否定されます。
責任能力はあるか	犯行時の精神状態が、責任を負えない状況であれば、罪があっても責任を問えず、そうでなければ罪に問うことができます。

4⋮ 刑事上の責任に関するコンプライアンス ≫≫≫≫≫≫≫≫≫≫≫≫≫≫≫≫≫

事例04「会社の備品はオレの物。オレの物はオレの物」（詐欺・窃盗）

事例05「書類の偽造は犯罪です」（文書偽造）

事例06「うわさ話もほどほどに」（名誉毀損）

事例07「預かった物を、ポッケにナイナイ」（横領）

事例08「立入禁止場所への立入の罪、ガマンガマン」（軽犯罪）

04 会社の備品はオレの物。 オレの物はオレの物

詐欺・窃盗

事例 D君が自宅で使用している計算機が壊れてしまいました。そこで、D君は、会社の備品として計算機が備品棚に入っていたことを思い出し、備品棚から勝手に持ち出して、自宅用に持って帰りました。

会社が「社員は自由に使っていっていいよ」って言ってるから問題ないと思うんだけど？

いやいや、家に持って帰って自分のものにすると、窃盗罪にあたるかも知れんぞ？

　D君は会社のものを勝手に自分のものにしてしまいました。許可を得ずこっそり自分のものにしてしまう行為は窃盗のようにも見えますが、お店から黙ってもらっていったのとは違い、会社で誰でも持っていけるようになっている備品です。会社が備品として購入していた計算機を持って帰ったD君のこの行為はどこに問題があるのでしょうか。

01 窃盗罪とは

　刑法235条は「他人の財物を窃取した者は、窃盗の罪とし、10年以下の懲役又は50万円以下の罰金に処する」と定めています。

　D君は、会社が備品として購入していた計算機を持って帰ってい

ます。このようなＤ君の行為に、窃盗罪は成立するのでしょうか。窃盗罪の成立要件をみていきましょう。

(02) 窃盗罪の成立要件は

1 「財物」にあたるか

窃盗罪が成立するためには窃取したものが「他人の財物」である必要があります。

「財物」とは、所有権の目的となる物をいい、それが金銭的・経済的価値があるかないかは問わない、とされています。たとえば好きな人からもらったラブレターは、経済的価値はありませんが、その人にとっては大切なものであり、財物にあたります。一方で、はずれ馬券やちり紙数枚など、経済的にも主観的にも価値がない物については、財物ではないとしている裁判例があります。

ともあれ、Ｄ君が持って帰った計算機は、「財物」といえます。

2 「他人の」財物か

自分が働いている会社を、自分の会社という人もいますが、法律上は、自分以外の人や法人（会社等）は、すべて他人です。

ここにいう「他人の」とは、他人が占有していることを意味します。占有とは、簡単にいうと支配下・管理下に置いている、という

ことです。計算機は会社が備品として購入して占有している（管理下に入れている）ものであり、Ｄ君が購入して占有しているわけではありません。よって、計算機は「他人の」財物にあたります。

❸ その他の要件の検討

① 「窃取」にあたるか

窃盗罪の「窃取」とは、他人の占有する財物を、占有者の意思に反して、自分や第三者の占有に移転させることをいいます。つまり、他人が持っているものを、その人が認めていないのに自分のものにしてしまう、ということです。会社は計算機を会社の業務で使用するための備品として購入しており、従業員が自分の物として持って帰ることは想定していないでしょう。よって、Ｄ君が、計算機を私的に使うために家に持ち帰った行為は、会社の意思に反して計算機の占有をＤ君に移したといえ、「窃取」に該当します。

② 不法領得の意思を有するか

窃盗罪の条文にはありませんが、窃盗罪の成立には、不法領得の意思が必要であるとされています。不法領得の意思とは、「権利者を排除し他人の物を自己の所有物と同様にその経済的用法に従いこれを利用し又は処分する意思」、つまり、他人のものを自分のものとして使おうと思って使うことをいいます。この不法領得の意思が求められるのは、盗んだのか、そうではなくちょっと使わせてもらった（使用窃盗といい、刑法上は罰せられません）のか、といったことを区別するためです。

Ｄ君は、計算機を自分の家で使うために持って帰っている以上、不法領得の意思が認められるでしょう。

以上により、自分の物にするつもりで、会社が管理している備品を勝手に持ち帰ったＤ君に、窃盗罪が成立し得ます。

03 D君はどうなるか

　D君は、刑法上の責任のみならず、会社から不当利得に基づく返還請求や、不法行為に基づく損害賠償を請求される可能性があります。また、会社の備品の持ち帰りが、会社の就業規則に違反するとして、懲戒処分を受ける可能性があります。

　たとえ小さなものでも持ち帰りはすべきではありません。なぜなら、数百円くらいのものであればいいや、といって放置をしていると、値段の高いものについても、「いいや」といってやってしまいがちとなり、最終的には多額のお金やお客さまのものを盗んでしまいかねないからです。こういったことを防ぐため、会社も厳しく管理する必要があるでしょう。

05 書類の偽造は犯罪です

文書偽造

事例

A君は、今月の営業ノルマが達成できそうになく、悩んでいました。
　どうしようもなくなったA君は、契約書に架空の人の名前を使って契約書を作成し、とりあえずノルマを達成してから、解約があったものとして取り消すことにすればよいことを思いつき、今は実在しない人である「徳川家康」名義で契約書を作りました。

実在しない人を名義人にしてるし、誰にも迷惑が掛かっていないのに、何か問題があるの？

　運転免許証のような公的な書類を偽造することはもちろん、私的な書類であっても、偽造をすると犯罪になります。

01 私文書偽造の罪とは

　刑法 159 条は、私文書偽造罪について定めています。これは、公務員等以外の私人が作成した権利・義務等に関する文書等を、権限がないのに偽造する（他人の名義で作る）ことを犯罪とするものです。

　ここでは、どのような文書を、誰が作ると罪になるのか、といった点についてみていきましょう。

02 私文書偽造罪の成立要件

　私文書偽造罪における「私文書」とはどのようなものをいうのでしょうか。刑法では、「権利、義務もしくは事実証明に関する文書」

という表現をしています。

　権利・義務に関する文書とは、権利や義務の発生・変更・消滅の法律効果を生じさせる文章や、権利や義務の存在を証明する文章をいいます。具体的には、売買契約書、借用証書、催告書などがあります。

　また、事実証明に関する文書とは、実社会生活に交渉を有する事項を証明するに足りる事項をいい、履歴書などがこれにあたります。

　これらの書類を、権限がないのに他人の名前を使って作成すると、私文書偽造罪が成立します。

03 実在しない人の名前を使ったら犯罪となるか

　さて、A君は実在しない徳川家康という名義で契約書を作成しています。誰にも迷惑をかけていないので問題はなさそうにもみえますが、このような事例において、判例は、一般人などが真正な文書と思う危険のある点は変わりがないとして、私文書偽造罪が成立するとしています。

　つまり、A君が実在しない徳川家康名義の契約書を作ると、会社はもちろんのこと、その書類を見た他の人も、徳川家康という人がいて、契約をしたと思ってしまう危険は変わらないということです。

⑭ 文書偽造にあたりうるもの

　A君は、契約書を偽造していましたが、そのほかにも、以下のようなものを偽造した場合に文書偽造罪が成立します。

① 銀行の出金票や支払伝票など

　銀行の出金票や支払伝票などを偽造することも私文書偽造罪にあたります。また、預金などを引き出すために印鑑を偽造すると、印章偽造の罪に問われます。

② 試験等の解答用紙

　会社によっては、資格試験に合格すれば、部署の異動ができたり、手当がついたりするところがあるでしょう。替え玉受験をして、解答用紙に違う人の名前を書くと、私文書偽造罪が成立します。直接的には替え玉になった人が罪を負いますが、お願いした本人も共犯となる可能性があります。

③ 運転免許証など

　運転免許証は公的な文書として取り扱われています。公務所（役所等）や公務員が作成した文書（パスポート、印鑑登録証明書など）を偽造すると、公文書偽造罪に問われます。

　現代では、パソコンの性能が上がり、免許証なども容易に作れてしまうため、気をつけなければなりません。

　そのほか、履歴書なども、書き換えた場所にもよりますが、私文書偽造罪が成立することがあります。

⑮ まとめ

　社員に過酷な営業ノルマを課したとしても、社内から犯罪者が出て、結果、会社としての信用を失うことになりかねません。合理的な販売戦略のもと、適正な営業ノルマを課すようにしましょう。

確 認 問 題

〔問〕 Aさんの行為に関して、適切なものは次のうちどれですか。

❶ Aさんの運転免許証がなかったため、Bさんの運転免許証を使っ
てAさんの運転免許証を偽造したとしても、その運転免許証を携
帯しているだけでは偽造公文書行使罪にはならない。

❷ 民間の資格試験を受けるBさんに代わってAさんが受験し、Bさ
んの同意のもとBさんの名前を書いて受験した場合は、私文書偽
造罪等は成立しない。

❸ Aさんが営業ノルマを達成するために架空の人の契約書を作成し
た場合は、私文書偽造等罪にはならない。

運転免許証を偽造した場合は公文書偽造罪、使用した場合は偽造公文書
行使罪が成立します。Aさんが偽造した運転免許証を携帯しているだけで
は偽造公文書行使罪は成立しません。よって、❶ は適切です。ただし、作
るということは使う前提があるということですから、身分証明に使ったり、
運転をすることは許されません。

判例は、私大の入学試験に際し、替え玉受験をするために、解答用紙の
氏名欄に、実際に受験をしていない者の名前を書いて答案を提出したとい
う事案において、本来の受験者と、替え玉で受験した者との間に、替え玉
受験が行われることに承諾があったとしても、そのような承諾は有効と認
めるべきではなく、文書偽造罪の共犯となる行為としての評価を受けるべ
きであるとして、替え玉受験で他人の名義で受験する行為に文書偽造罪が
成立するものとしました。よって、❷ は不適切です。

判例は、保険勧誘のノルマ達成のために架空人名義の保険申込書を作成
した事件において、作成名義人が架空の人物であったとしても、文書偽造
罪の「文書」に該当し、私文書偽造罪が成立するとしています。よって、
❸ は不適切です。 **正解 ❶**

06 うわさ話もほどほどに

名誉毀損

会社内の情報通であるG美さんは、暇さえあれば同僚たちと仲良くおしゃべり。ある日、G美さんは、C課長が、アルバイト大学生のJ子さんと歩いているところを目撃しました。

G美さんは2人が歩いているところを見ただけでしたが、同僚5人に、「C課長は結婚しているのに、J子さんと不倫していた」と話しました。

うわさ話は盛り上がるものじゃが、他人のデマを流したり侮辱したりすると、犯罪になることもあるんじゃ。

01 うわさ話で罪になるか

G美さんは、単に2人で歩いていたC課長とJ子さんを見ただけで、同僚5人に対して、「C課長は結婚しているのに、J子さんと不倫していた」と話しています。このようなG美さんの行為は法律違反になるのでしょうか。

刑法230条では、「公然と事実を摘示し、人の名誉を毀損した者は、その事実の有無にかかわらず」名誉毀損罪にあたる、と定めていますが、G美さんの行為が名誉毀損罪にあたるのでしょうか。この「公然と」「事実を摘示し」「人の名誉を毀損」という要件が満たされれば名誉毀損罪にあたりますから、検証してみましょう。

1 「公然と」にあたるか

「公然と」とは、摘示された事実を不特定または多数人が認識できる状態をいうとされています。もっとも、話したのがA君とB君

だけといった特定される少人数であっても、その2人から広まる可能性があれば公然性があるとした判例もあります。

　G美さんが話した相手は5人ですが、SNS等ですぐにうわさが拡散する今日では、「公然と」にあたると考えられます。

2 「事実を摘示し」にあたるか

　では、G美さんの行為は、「事実を摘示し」に該当するでしょうか。摘示される事実とは、人の社会的評価を低下させるような事実をいいます。そして、内容がウソであれ本当のことであれ名誉毀損罪は成立します。

　G美さんは、「C課長はJ子さんと不倫していた」と話しています。不倫は、民法上の損害賠償の対象となる行為であるのみならず、一般的に、性的にだらしない行為として評価されます。そのため、G美さんの行為は「事実を摘示し」にあたるといえるでしょう。

3 その他の要件の検討

　「名誉を毀損した」というためには、人の社会的評価を害するおそれのある状態を生じさせれば足り、現実に社会的評価が害されたことは必要としません。そのため、C課長の社会的評価が害されなかったとしても、G美さんの行為は「名誉を毀損した」といえます。

　以上により、G美さんは、「公然と」「事実を摘示し」、C課長とJ子さんの「名誉を毀損」していますので、法律違反をしているこ

とになります。ただし、名誉毀損罪は、訴えることでかえってうわさ等が広まったりして被害者の名誉が侵害されるおそれがあるため、親告罪（被害者が訴えた場合に刑事事件になる）とされています。

02 その他の法律上の責任

■1 民法上の責任

G美さんは、C課長やJ子さんから、損害賠償を請求される可能性があります。それに加えて、名誉回復のための処分を裁判所に訴えられる可能性があります。

■2 その他の責任

そのほか、G美さんは「信用失墜行為」「職務専念義務違反」といった服務規律違反として懲戒処分の対象となる可能性があります。

03 まとめ

うわさ話をしただけでも犯罪として訴えられてしまう可能性があります。それに、間違って話した人がSNSなどで拡散した場合は、話した本人が多額の損害賠償を負うことになりかねません。

口は災いのもと、うわさ話はほどほどにしましょう。

プラスワン

口は災いのもと

誰々が何々をした、という事実をうわさとして不特定多数の人に拡げて、うわさをされた人の名誉を傷つけた場合、名誉毀損罪にあたりますが、「馬鹿野郎」「人間のくず」「ウドの大木」といった、いわゆる悪口などを言った場合はどうなるのでしょう。

この場合、名誉毀損罪ではなく侮辱罪が成立し得ます。

なお、法改正により侮辱罪は令和4年7月より厳罰化され、1年以下の懲役等もしくは30万円以下の罰金等が科せられます。

確 認 問 題

〔問〕 Aさんの行為に関する記述について、適切なものは次のうちどれですか。

❶ Aさんの上司Bさんが、Cさんと不倫をしているということを、インターネットの掲示板に実名で書き込んだ場合、その内容が事実であれば、名誉毀損罪に該当しない。

❷ Aさんが同僚のBさんに対して、「ノロマ」「低能」と言うだけでは、名誉毀損罪は成立しないが侮辱罪は成立しうる。

❸ Aさんの勤めているX社について「X社の商品は腐っている」とインターネットの掲示板に書き込むことによってX社の評判が下がった場合であっても、個人が対象ではないため、名誉毀損罪に該当しない。

　名誉毀損罪は、書かれた内容が本当のことであろうがウソの内容であろうが成立します。そのため、実際にBさんとCさんが不倫していたか否かにかかわらず、また、匿名でなくAさんが実名で掲示板に書き込んだとしても、名誉毀損罪が成立します。よって、❶ は不適切です。

　名誉毀損罪は、誰々が何をした、といった事実を不特定多数の人に拡げたことを罪にしますが、悪口のような内容であれば、事実ではありませんので名誉毀損罪は成立しません。この場合、侮辱罪が成立することになります。よって、❷ は適切です。

　名誉毀損罪は、個人のみならず、法人の名誉を毀損した場合にも成立します。よって、❸ は不適切です。　　　　　　　　　　　　　正解　❷

07 預かった物を、ポッケにナイナイ

横領

事例

A君は、自社の高額な教材の見本を車に積んで営業に出ていましたが、見本を見せなくてもカタログや商品の一部をお客さまに見せてればいいことに気づきました。見本の教材は自分で管理をしていて返却しなくても何か言われるわけではないため、ネットオークションで売ってお小遣いにすることとし、その見本を持ち帰りました。

 会社の教材じゃが、営業上問題なければよさそうではある。この場合、コンプライアンス上の問題はあるのかな?

01 A君の行為の問題点は?

　A君は、営業上、商品一式を使わずともカタログや見本で十分営業活動ができ、売ってしまっても問題ないと考えているようです。しかし、会社のものを勝手に売ってしまうというのは、どうなのでしょうか。

02 (業務上)横領罪とは

　A君のしたことは、「業務上横領罪」に該当しそうです。刑法253条は、「業務上自己の占有する他人の物を横領した者は、10年以下の懲役に処する」と定めています。これは、業務上横領罪と呼ばれる犯罪です。

　「占有」とは、物に対して支配力を有することをいいます。事例でいえば、教材の見本は会社の物ですが、会社が営業のためにA君

68

に預けて、A君が営業をするために持ち歩き、（説明に）使っていることを考えれば、教材はA君が占有している（支配下にある）といえます。

　このように、業務上自分が占有する他人の物を、自分の物にしてしまうことは、業務上横領罪が成立する可能性があります。

03 窃盗罪との違いは

　さて、事例04では窃盗について学びました。会社の物を自分の物にしてしまうという意味では、同じ罪になりそうですが、何が違うのでしょう。

　窃盗罪は、他人が占有する物を権限もなく勝手に持っていった場合などに成立しますが、横領罪は、自分が占有する物をそのまま自分のものとしていた場合などに成立します。

　窃盗罪は、他人の財産権の直接的な侵害行為であることに対して、横領罪は、信頼されて預けられたものを着服するという、信任関係を壊す行為であるといえます。

04 こんなことも業務上横領罪にあたる

　オフィスにおいては、以下のような行動も業務上横領罪にあたりますので、覚えておきましょう。

① 会社の財物を管理する立場の人が、それを着服してしまう

　経理の担当者が、金庫の中から会社のお金を着服したり、切手や小切手など会社の財物を管理する立場の人が、それを着服すること

は、業務上横領にあたります。

② 取引先から預かったお金を着服してしまう

　取引先が会社に支払うためにあなたにお金を預けたのに、それを着服するような場合も、業務上横領罪にあたります。

　業務上横領の事例は、経理担当の従業員がお金を着服することが多いようです。お金を扱うと、つい使ってみたくなることがありますので、本人だけでなく周りも気をつけるべきでしょう。

確 認 問 題

〔問〕 Ａさんの行為のうち、業務上横領罪にあたるものは、次のうちどれですか。

❶ 交通費が 2,000 円しかかかっていないのに、8,000 円かかったと会社に申請して受け取った。

❷ 会社の倉庫にあった自社の商品を持ち帰って、ネットオークションで売りとばした。

❸ 会社の取引先から預かった商品の代金 120 万円のうち、20 万円を自分のものとした。

　交通費が 2,000 円のところ、会社に 8,000 円を請求して 6,000 円を会社からもらうことは、会社をだまして金銭を得ているため、詐欺罪にあたります。よって、❶ は不適切です。

　会社の倉庫にある商品は、会社の支配下にあると考えられ、それを勝手に持ち帰ることは窃盗罪にあたります。よって、❷ は不適切です。

　取引先がＡさんに預けた代金を自分のものにすることは、会社の支配下にあるものを着服することですから、業務上横領罪にあたります。よって、❸ は適切です。　　　　　　　　　　　　　　　　**正解 ❸**

08 立入禁止場所への立入の罪、ガマンガマン

軽犯罪

事例　A君は、D君とお酒を飲んで一軒目を出て移動しているときに、ふともよおしてしまいました。たまたま目の前に公園があったので、「夜間は立ち入りを禁止する」と張り紙がされていましたが、D君に、「ちょっとおトイレしに行ってくる」と言って入っていきました。2分後、何事もなかったようにそのまま出てきて、D君と二軒目に向かいました。

「おトイレに行く」にしても立入禁止と書かれているところに入ってはいかんぞ。

　さて、A君の行為は不法侵入にあたりそうです。しかし、刑法には、住居侵入罪、建造物侵入罪などがありますが、それらは人の住居や、人は住んでいないものの建物に勝手に入った場合に罪に問われるものです。A君の行為は問題ない、といえるのでしょうか。

01 軽犯罪法とは

　日常生活において、人々の常識から考えて道徳的に非難されるような行為を定義して規制しているのが、軽犯罪法です。処罰の対象となる行為が比較的軽いものを扱っており、小刑法のような位置付けとなっています。軽犯罪法は、後述のプラスワンにあるように、33個の罪を軽犯罪として定義しています。

　さて、A君の行為は、軽犯罪行為のうち、㉖排せつ等の罪、㉜田畑等侵入の罪にあたりそうです（プラスワン参照）。

　㉖排せつ等の罪は、いわゆる・お・ト・イ・レを道ばたや公園などですることです。痰やつばを吐く行為もこれにあたります。㉜田畑等侵入の罪は、入ることが禁止された場所または他人の田畑に入ることに対する罪です。

⓪② よくある軽犯罪法違反

　オフィスなど仕事中によくある軽犯罪行為には、以下のようなものがあります。

■1 粗野・乱暴の罪

　飲食店や電車などで、他人に乱暴な言動をすることなどをいいます。通勤や外出時の満員電車等でトラブルになった時など、ついしてしまいがちですが、譲り合いの精神を持ちましょう。

■2 静穏妨害の罪

　公務員の制止を聞かずに、大音量での音楽や異常な大声を出したりして近所に迷惑をかけることをいいます。お店の前で呼び込みをすることもあると思いますが、苦情が来たり、おまわりさんに注意されたら、やめましょう。

　A君の行為は軽犯罪行為ですが、たとえば柵を壊して公園に侵入

したり、設備にいたずらをするなど、悪質な行為が加われば、刑法上の犯罪となりかねません。Ａ君は刑法犯として裁かれてしまう可能性が出てきてしまいます。気をつけてください。

プラスワン

軽犯罪法における罪

軽犯罪法における罪には、以下のようなものがあります。

①潜伏の罪、②凶器携帯の罪、③侵入具携帯の罪、④浮浪の罪、⑤粗野・乱暴の罪、⑥消灯の罪、⑦水路交通妨害の罪、⑧変事非協力の罪、⑨火気乱用の罪、⑩爆発物使用等の罪、⑪危険物投注等の罪、⑫危険動物解放の罪、⑬行列割込み等の罪、⑭静穏妨害の罪、⑮称号詐称、標章等窃用の罪、⑯虚構申告の罪、⑰氏名等不実申告の罪、⑱要扶助者・死体等不申告の罪、⑲変死現場等変更の罪、⑳身体露出の罪、㉑動物虐待の罪（動物愛護法で処罰されたことに伴い削除）、㉒こじきの罪、㉓窃視の罪、㉔儀式妨害の罪、㉕水路流通妨害の罪、㉖排せつ等の罪、㉗汚廃物放棄の罪、㉘追随等の罪、㉙暴行等共謀の罪、㉚動物使そう・驚奔の罪、㉛業務妨害の罪、㉜田畑等侵入の罪、㉝はり札、標示物除去等の罪、㉞虚偽広告の罪

また、軽犯罪法で禁止された行為をすると、拘留または科料が科せられることがあります。

「拘留」とは、自由刑（1日以上30日未満の刑事施設への拘置を内容とする刑罰）の一種です。なお、刑事訴訟法上の「勾留」とは異なります。

また、「科料」とは、財産刑（犯罪者から財産的利益を剥奪する刑罰）の一種で、この場合、1,000円以上1万円未満の金銭の支払を求められます。

5 労務に関するコンプライアンス

(1) 労働に関する法律がある理由

　会社に勤めているみなさんは、学生や主婦とは異なり、会社との間の権利・義務関係を築かなければなりません。会社は、会社のために働いて利益を上げてくれる人材が欲しく、労働者は労働力を提供して賃金を得たい、と考えており、契約自由の原則からいうと、会社が提示した労働条件・賃金に納得した人が働けばよいと思われます。しかし、一般的に賃金を支払う会社は立場が強く、たとえ無茶な労働条件でも、労働者は従わざるを得なくなります。こうした状況を改善するため、法律は事業主（会社）に対して、労働者が働きやすいような環境を整えることを求めています。

(2) 会社と労働者の関係を調整する規制

　会社や従業員は、会社と従業員との労働関係を規律する「法律」、会社と労働組合が結ぶ労働条件に関する協定（「労働協約」）、職場の規律や労働条件を定めた「就業規則」、会社と働く個々人が結ぶ「労働契約」の4つを守らなくてはなりません。それぞれの関係性を簡単に図解で確認したうえで、労務に関するコンプライアンスの内容をみていきましょう。

　まず、基本となるのが法律です。労働基準法は、労働者の保護について定めています。また、各種法律で、健康診断、セクハラ・パワハラ防止の義務などを会社に課しています。法律のうち、会社（事業主）に対する義務は会社に課し、労働条件（休憩時間、休日、有給休暇、賃金、解雇等）に関する内容などについては、企業秩序に

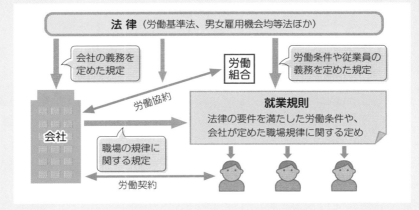

関する規定とともに就業規則に反映することになります。

　労働協約は、法律の範囲内で、会社と労働組合などが労働条件に関して結ぶ協定で、労働契約は、労働者が働いて、会社が賃金を支払うという契約のことです。

　就業規則とは、法律や労働協約の範囲内で職場規律や労働条件を定めたものです。

　本書では、みなさんに直接関係してくる就業規則やハラスメントについて説明していきます。事例で確認していきましょう。

5⃝　労務に関するコンプライアンス ≫≫≫≫≫≫≫≫≫≫≫≫≫≫≫≫≫≫≫≫≫≫≫≫≫≫≫

事例 09「就業規則なんて見たことないよ…」（就業規則）

事例 10「パワハラ大魔王、降臨」（パワハラ）

事例 11「無礼講の飲み会で、課長ご乱心？」（セクハラ）

09 就業規則なんて 見たことないよ…

就業規則

事例

X社のD君は、たまに遅刻をします。また、休憩時間ではないのにたばこ休憩、お茶休憩など適当にとっています。

見かねたC課長が言いました。「D君！ ちゃんと仕事をしろ！ 遅刻をしたり勝手に休憩をとるんじゃない！ 就業規則にも書いてあるだろうが」

それを聞いたD君が言いました。「シューギョーキソク？ 初めて聞きましたがなんですか？ それ……」

 就業規則なんて見たことないよ。都市伝説じゃないの？

01 就業規則とは

1 従業員みんなが知るべき職場のルール

就業規則とは、職場規律や労働条件を定めたもので、常時10人以上の労働者が働いている職場では必ず作成しなければなりません。そして、就業規則は職場のわかりやすい場所に掲示などをして労働者に周知しなければなりません。ですので、D君がまったく知らないということは問題です。みなさんも職場の就業規則を確認してみてください。

2 就業規則に書かれていること

就業規則に必ず規定されていることとして、①始業・終業の時間、②休憩時間、③休日、④年次有給休暇、⑤賃金（計算や支払方法、昇給等）、⑥退職・解雇等があります。そのほか、企業秩序を守る

べきとする規定や、守らない従業員に対する懲戒処分に関する規定を置くことができます。懲戒処分の内容は会社ごとに異なります。

　このように、就業規則には、会社が守らなければならない労働関係の決まりや、従業員が守るべき職場の規律が明記されています。本書では、従業員が守るべき職場の規律について解説します。

02 懲戒処分が下される行為

　会社には、従業員の企業秩序違反行為に対して制裁をすることができる懲戒権があり、あらかじめ就業規則などに懲戒に関する規定を置くことによって、会社は懲戒権を行使することができます。

　一般的には、会社の従業員が、次のような行為をすると、懲戒処分が下されます（厚生労働省「モデル就業規則」参照）。

① 正当な理由なく無断欠勤が一定の日数以上に及ぶとき。

② 正当な理由なくしばしば欠勤・遅刻・早退をしたとき。

③ 過失により会社に損害を与えたとき。

④ 素行不良で社内の秩序および風紀を乱したとき。

⑤ 服務規律違反（以下のようなもの）

・許可なく職務以外の目的で会社の施設、物品などを使用する。

・職務に関連して自己の利益を図り、または他より不当に金品を借用し、もしくは贈与を受けるなど不正な行為を行う。

・勤務中、職務に専念せず、正当な理由なく勤務場所を離れる。

・会社の名誉や信用を損なう行為をする。

・在職中および退職後に、業務上知り得た会社、取引先などの機

密を漏洩する（守秘義務違反）。

・酒気を帯びて就業する。

・その他労働者としてふさわしくない行為をする。

⑥ ハラスメント行為違反

　D君が守らずに問題となっているのは、②と⑤でしょうか。

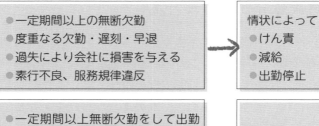

プラスワン

　厚生労働省の「モデル就業規則」では、懲戒事由や懲戒の内容が以下のように定められています。

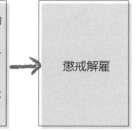

●一定期間以上の無断欠勤
●度重なる欠勤・遅刻・早退
●過失により会社に損害を与える
●素行不良、服務規律違反

情状によって
●けん責
●減給
●出勤停止

●一定期間以上無断欠勤をして出勤の督促に応じない場合
●度重なる欠勤・遅刻・早退をして注意をしても改まらない場合
●数回懲戒処分を受けても改善しない場合など

懲戒解雇

　また、それぞれの処分の内容は概ね以下のようになっています。

① けん　責：始末書を提出させて将来を戒める。

② 減　　給：始末書を提出させて減給する。

③ 出勤停止：始末書の提出と一定期間の出勤の停止。その間の賃金は支給しない。

④ 懲戒解雇：予告期間を設けることなく即時に解雇する。

03 そのほかの問題

　懲戒処分は、注意をしても改善されない場合に認められます。Ｄ君はすでにたびたび遅刻をして注意を受けており、改善されないようだと、段階的に重い懲戒処分を下される可能性があります。

　Ｄ君をはじめ他の社員も就業規則を見て会社の守るべきルールを確認できるように、会社としても周知していくことが必要でしょう。

確認問題

〔問〕　**会社がＡさんを懲戒処分する場合における記述について、適切でないものは次のうちどれですか。**

❶　Ａさんが管理職の場合、部下が不祥事を起こしたことに関して、Ａさんは、減給などはされるが、懲戒解雇されることはない。

❷　Ａさんが遅刻や無断欠勤を繰り返し、上司から再三注意をされても改めない場合、重い懲戒処分を下されるおそれがある。

❸　営業職のＡさんが、上司から再三注意されているにもかかわらず、勤務時間中に喫茶店に立ち寄り長時間勤務放棄をしていた場合、Ａさんは重い懲戒処分を下されるおそれがある。

　裁判例では、部下の行為を上司がチェックしていれば容易に犯罪行為を発見できたとして、上司のずさんな管理が「重大な過失により会社に損害を与えた」とされ、上司の懲戒解雇を有効としています。よって、❶ は不適切です。

　❷ および ❸ において、Ａさんが、上司からの度重なる注意にもかかわらず、勤務態度が改善していないと重い懲戒処分が下されるおそれがあります。よって、❷ および ❸ は適切です。　　　　　　　　**正解　❶**

10 パワハラ大魔王、降臨

事例

　Z社から転職してきたH部長はとても厳しく、C課長に対しては、朝礼で大勢の部下の見ている前で怒鳴りつけ、A君に対しては、仕事で手間取っていると殴ったりしてきます。また、B子さんにはプライベートなことを執拗に聞き、D君には業務命令と言って毎日お昼に弁当を買いに行かせており、みんなは「パワハラ大魔王」と呼んで怖がっています。

　H部長の行為はすべてパワハラにあたるぞい。しかも、パワハラの類型によっては犯罪にもなるんじゃ。

　労働施策総合推進法の改正により、事業主にパワハラを防止する措置を講じることが義務付けられました。また、「事業主が職場における優越的な関係を背景とした言動に起因する問題に関して雇用管理上講ずべき措置等についての指針」（パワハラ指針）によって、パワハラの詳細がわかるようになっています。

01 パワハラとは

1 パワー・ハラスメント（パワハラ）の定義

　パワハラは、「職場において行われる優越的な関係を背景とした言動であって、業務上必要かつ相当な範囲を超えたものによりその雇用する労働者の就業環境を害する行為」と定義されています。なお、客観的にみて、業務上必要かつ相当な範囲で行われる適正な業務指示や指導については、パワハラには該当しません。

2 パワハラの6類型

職場のパワハラには、以下のように、主に6類型があります。

① 身体的な攻撃：暴行・傷害

② 精神的な攻撃：脅迫・名誉毀損・侮辱・ひどい暴言

③ 人間関係からの切り離し：隔離・仲間外し・無視

④ 過大な要求：業務上明らかに不要なことや遂行不可能なことの強制、仕事の妨害

⑤ 過小な要求：業務上の合理性なく、能力や経験とかけ離れた程度の低い仕事を命じることや仕事を与えないこと

⑥ 個の侵害：私的なことに過度に立ち入ること

なお、パワハラの判断基準について、裁判例では「相手がどう思うか」ではなく、「通常人（平均的な労働者）がどう思うか」とされており、厳しい指導だからといって必ずしもパワハラに該当するとは限りません。

02 パワハラの該当性と責任について

1 H部長のパワハラ該当性

H部長の行為は、大魔王の名に恥じないパワハラぶりです。

まず、A君を殴ることは、①身体的な攻撃にあたります。この行為は刑法上の暴行罪・傷害罪にあたる可能性があります。

また、B子さんにプライベートなことをしつこく質問することは、

⑥個の侵害にあたります。また、性的なことを聞くと、セクハラ（事例11参照）にあたる場合もあります。

さらに、Ｃ課長を怒鳴りつけることは、②精神的な攻撃にあたります。Ｃ課長がうつ病などになったら、傷害罪にあたる可能性がありますし、Ｄ君に弁当を買いに行かせることは、強要罪に、さらに弁当代を支払わせていれば、恐喝罪にあたる可能性があります。

② Ｈ部長に生じる責任

就業規則においては、通常パワハラを禁止する規定が設けられていますので、Ｈ部長は懲戒処分を受ける可能性があります。

また、被害者から不法行為による損害賠償を請求されたり、暴行・傷害・強要罪などの刑法犯の構成要件が満たされれば、刑法犯として告訴されたりする可能性があります。

③ 会社に生じる責任

会社がＨ部長のパワハラを放置した場合、被害者から使用者責任や不法行為に基づく損害賠償を請求される可能性があるほか、行政処分として、企業名が公表されることがあります。

また、法的責任のほか、たとえば、Ｄ君がＳＮＳ等で告発した場合は、Ｈ部長の氏名・住所などが拡散される可能性があるほか、会社の評判にも影響を及ぼします。とりわけ、パワハラにより自殺者が出た場合には、会社のリスクは極めて大きくなります。

03 パワハラに関する留意点

パワハラを考えるにあたっては、以下の点に注意が必要です。

① 部下から上司に対してもパワハラとなる

パワハラは、上司から部下に対してなされるイメージがありますが、職務上の地位や人間関係といった「職場内での優位性」による行為がパワハラですので、部下から上司への言動もパワハラとなり得ます。たとえば、部下が上司に対して暴力をふるったり、部下が

示し合わせて上司を無視したりすることなどがそれにあたります。

2 取引先の従業員などに対する行為もパワハラとなり得る

「職場」とは、労働者が通常働いているところのほか、出張先や実質的に職務の延長と考えられる宴会の場なども該当します。また、飲み会での行為や取引先の人への行為も、パワハラとなる可能性があります。

確 認 問 題

〔問〕 Aさんの行為がパワー・ハラスメントに該当するか否かに関する記述について、適切なものは次のうちどれですか。

❶ Aさんは、日ごろから気に入らない上司に対して暴言を吐いたり、同僚と結託して業務命令を無視したりしているが、部下から上司に対する行為なので、パワハラにはあたらない。

❷ Aさんは、気に入らない部下に対し、誰でもできるような書類の整理や雑用を行わせているが、むしろ簡単にできる仕事をさせており、パワハラにはあたらない。

❸ Aさんは、仲のいい同僚のBさんと飲んでいる時に、好きな野球チームについて口論となってけんかをしたが、業務に関係がなく、優越的関係にもとづかないため、パワハラにはあたらない。

パワハラは、「職場内での優位性」を背景にする行為が該当します。そのため、部下から上司への侮辱、ひどい暴言などもパワハラに該当し得ます。よって、❶ は不適切です。

従業員の能力とかけ離れた簡単な仕事を命じることは、過小な要求に該当します。よって、❷ は不適切です。

仲のいい同僚とのけんかは、パワハラの要件の1つである「優越的な関係を背景とした言動」であるとはいえないため、パワハラに該当しません。よって、❸ は適切です。　　　　　　　　　　　　　　　　　　　**正解　❸**

11 無礼講の飲み会で、課長ご乱心？

セクハラ

事例

飲み会でお酒に酔っていたC課長は、飲み会の無礼講を宣言した後、泥酔してB子さんに対して、「B子ちゃんは、まだ独身だよね。誰かに貰ってもらいなよ。それとも俺と結婚しちゃう？」と話しかけ、B子さんの手を握りました。B子さんは、「やめてください！」と言いましたが、C課長は降格をちらつかせ、その後もB子さんの体をさわり続けました。

相手が嫌がっているのに体に触れたりするほか、断ったら降格するということはセクハラじゃ。

　セクハラを知らない人はあまりいないと思いますが、どこからがセクハラでどこまでが許されるのか、きちんと理解しておかないと業務にも影響しますので、きっちり勉強してください。

01 セクハラとは

① セクシュアル・ハラスメント（セクハラ）とは

　セクハラは、職場において行われる性的な言動でその雇用する労働者の対応により当該労働者がその労働条件につき不利益を受けること、またはその性的な言動により当該労働者の就業環境が害されること、と定義されています。

② セクハラの行為類型

　セクハラの行為類型には、「対価型」と「環境型」があります。

① 対価型セクハラ

　対価型セクハラとは、労働者の意に反する性的な言動に対する労働者の対応により、当該労働者が解雇、降格、減給等の不利益を受けることをいいます。典型例として以下のものがあります。

　　ア．事業主が労働者に対して性的な関係を要求したが、拒否されたため、当該労働者を解雇すること

　　イ．上司が部下の腰、胸などに触ったが、抵抗されたため、当該労働者について不利益な配置転換をすること

　　ウ．事業主が日ごろから労働者の性的な事柄について公然と発言していたが、抗議されたため、当該労働者を降格すること

② 環境型セクハラ

　環境型セクハラとは、職場において行われる労働者の意に反する性的な言動により労働者の就業環境が不快なものとなったため、能力の発揮に重大な悪影響が生じるなど、当該労働者が就業するうえで看過できない程度の支障が生じることをいいます。典型例として以下のものがあります。

　　ア．上司が労働者の腰、胸などに度々触ったため、当該労働者が苦痛に感じてその就業意欲が低下すること

　　イ．抗議をしているにもかかわらず、事務所内にヌードポスターを掲示しているため、労働者が苦痛に感じて業務に専念できないこと

上記をまとめると、性的な話をしたり、理由なく触ったり、しつこくデートに誘ったりして、相手が不快な気分になって仕事がイヤになったり（環境型）、「やめてください！」と言われたので降格や配置転換をすること（対価型）を、セクハラといいます。

⓪② C課長の行為はセクハラにあたるか

■ C課長の行為のセクハラ該当性

　C課長の行為は、セクハラに該当するでしょうか。

　C課長の発言やB子さんの手を握ったことに対して、B子さんは「やめてください」と答えており、不快感を示しています。B子さんが、今後会社内で今まで通り働くことに支障がでれば、C課長の行為は環境型のセクハラに該当します。

　また、B子さんに断られたことで、降格や不当な配置転換をすることは、対価型のセクハラに該当します。

■ C課長の責任

　C課長は、就業規則に違反する行為をしたとして、懲戒処分を受ける可能性があるほか、民事上、B子さんから不法行為に基づく損害賠償を請求される可能性もあり、刑事上は強制わいせつ罪や迷惑防止条例違反が適用される場合もあります。

■ 会社の責任

　男女雇用機会均等法は、会社に対し、セクハラに対する会社の方針の明確化およびその周知・啓発、相談に応じて適切に対応するために必要な体制の整備、職場におけるセクハラにかかる事後の迅速かつ適切な対応などを義務付けています。

　会社がC課長のセクハラ行為を放置した場合、民法上の使用者責任や不法行為に基づく損害賠償を請求される可能性があります。

03 セクハラについての留意点

1 そのほかセクハラになり得る行為

「人事院規則10－10（セクシュアル・ハラスメントの防止等）の運用について」においては、セクハラになり得る言動として、「性的な経験や性生活について質問すること」「性的なうわさを立てたり、性的なからかいの対象とすること」「身体に不必要に接触すること」などを挙げています。そのほか、「酒席で、上司の側に座席を指定したり、お酌やチークダンス等を強要すること」についても、セクハラになり得る言動とされています。

2 セクハラについての留意点

セクハラを考えるにあたっては、以下の点にも注意が必要です。

① 女性から男性に対して行うこともセクハラとなる

一般的にセクハラは、男性から女性に対するものと思われがちですが、女性から男性、同性に対する行為もセクハラにあたります。

② 取引先の人に対してもセクハラになる

社内の人に対する行為だけがセクハラではありません。取引先やお客さまなどにした行為も、セクハラにあたることがあります。

③ 相手の性的指向や性自認は関係ない

相手の性的指向（人の恋愛・性愛がいずれの性別を対象とするか）や性自認（性別に関する自己意識）にかかわらず、セクハラに該当することがあり得ます。たとえば、「ホモ」「オカマ」「レズ」などを含む言動は、セクハラの背景にもなり得ますし、性的性質を有する言動はセクハラに該当します。

「無礼講」といっても、法令違反は許されません。通常時にセクハラをしないことはもちろん、お酒を飲んだとしても、お酒に呑まれずに、節度を持った振る舞いを心がけてください。

マタニティ・ハラスメント（マタハラ）

　パワハラやセクハラ以外にも、ハラスメントとして、職場における妊娠・出産・育児休業・介護休業等に関するハラスメント（マタハラ）が法律で規制されています。

　マタハラとは、①女性労働者が労働基準法などによる制度（休業、その他の妊娠・出産に関する制度や措置）の利用に対する言動により、就業環境が害されるもの（制度等の利用への嫌がらせ型）、②女性労働者が妊娠したこと、出産したことその他の妊娠・出産に関する言動により、就業環境が害されるもの（状態への嫌がらせ型）をいいます。

　①は、出産のための産休や育児休暇などをとろうとする労働者に対し、「長期間休まれては迷惑なんだよ」「男のくせに育児休暇をとるのかよ」などと言って、当該労働者の仕事の効率が下がったりすることをいいます。

　また、②は、妊娠している女性労働者に対して、「就職したばかりなのに妊娠して、図々しい」などと何回も言って、当該労働者の仕事の効率が下がったりすることをいいます。

　そのほか、男女雇用機会均等法では、婚姻、妊娠、出産等を理由とする解雇その他不利益取扱いを禁止しています。妊娠・出産等を理由とする不利益取扱いとは、解雇や雇止め、自主退職の強要、配転などの不利益や不当な扱いなどをいいます。

　男女雇用機会均等法などでは、事業主は、このようなマタハラを防止する措置を講じなければならないと定めており、厚生労働省「モデル就業規則」においても、第14条で以下のように定めており、みなさんの会社の就業規則にも盛り込まれていると思います。

（妊娠・出産・育児休業・介護休業等に関するハラスメントの禁止）
第14条　妊娠・出産等に関する言動及び妊娠・出産・育児・介護等に関する制度又は措置の利用に関する言動により、他の労働者の就業環境を害するようなことをしてはならない。

確 認 問 題

〔問〕 **セクシュアル・ハラスメント（セクハラ）における性的な言動について、適切なものは次のうちどれですか。**

❶ 性的な意図を有さずに異性を食事やデートに１～２度誘うこと自体は、セクハラにはならない。

❷ 疲れている人に、頼まれていないのに「肩を揉みましょう」と言ってマッサージすることは、セクハラにはならない。

❸ ヌードの画像を自分のパソコンの壁紙にしていた場合、それを見た異性が不快に感じたとしても、個人のパソコンを勝手に見ることは違法であり、セクハラにはならない。

　セクハラとは、職場における性的な言動により労働条件につき不利益を受けることや、労働者の就業環境が害されることをいいます。

　「性的な言動」とは、性的な内容の発言および性的な言動をいい、この「性的な内容の発言」には、性的な事実関係を尋ねること、性的な内容の情報を意図的に流すこと等が、「性的な言動」には、性的な関係を強要すること、必要なく身体に触ること、わいせつな図画を配布することなどが含まれるとされています。

　性的な意図を有さず、ただ異性を食事やデートに１～２度誘うこと自体は、通常はセクハラに該当しないと考えられます。よって、本問の ❶ は適切です。ただし、相手が断っているのに、しつこく食事やデートに誘ったりすると、セクハラに該当する可能性があります。

　また、❷ のように、相手から頼まれていないにもかかわらず、マッサージすることは、相手の身体を不必要に触る行為であり、セクハラに該当する可能性があります。よって、❷ は不適切です。

　❸ のように、職場のパソコンの壁紙のヌード画像を目にした従業員が不快に感じ、就業環境が害されると、セクハラに該当することになります。よって、❸ は不適切です。　　　　　　　　　　**正解　❶**

6 知的財産に関するコンプライアンス

　みなさんは、自分が苦労して作った企画書のアイディアを誰かに
盗まれ、それが評価をされたら、どう思うでしょうか。理不尽に感
じるでしょう。

　それは、企業間や個人間、企業と個人間でも同じです。企業や個
人がお金と時間、労力を費やして得たノウハウや、試行錯誤の後に
出てきた画期的なアイディア（商品の名前やキャッチフレーズ、マ
スコットキャラクターなどを含む）を他人がまねて利益を得るよう
なことは、経済秩序を乱すものとして法律で規制されるべきでしょ
う。

　このようなノウハウやアイディアを、一般的に知的財産権といい、
さまざまな法律で保護されています。

　知的財産に関する法律のうち、創作物を保護する法律として、特
許法、実用新案法、意匠法、著作権法などがあります。一方、営業
標識（会社名、商品名等）を保護する法律として、商標法、不正競
争防止法などがあります。

　このうち、特許法、実用新案法、意匠法、商標法は、特許庁に登
録をして保護されるものであり、商品の名称や形状等、会社として
考えていくべきものですので、ここでは、簡単に概要を説明します。

● 知的財産法の概要（一部）

法　律	保護される要件	例
特許法 発明：自然法則を利用した技術的思想の高度な創作	①法律上の発明にあたること、②産業上利用できること、③新しいこと、④容易に考え出すことができないこと（進歩性）などの要件を満たし、登録されたものが保護されます。	・消せるボールペン ・アイスクリーム大福
実用新案法 考案：自然法則を利用した技術的思想の創作	①法律上の考案にあたること、②産業上利用できること、③新しいこと、④進歩性があることなどの要件を満たし、登録されたものが保護されます。	・鉛筆を握りやすく多角形にする
意匠法 意匠：物の形や模様・色から美感を起こさせるもの	①法律上の意匠にあたること、②産業上利用できること、③新しいこと、④創作非容易性があることなどの要件を満たし、登録されたものが保護されます。	・いすのデザイン ・かばんのデザイン
商標法 商標：文字や図形などのうち、商品やサービスに使われるもの	①法律上の商標にあたること、②自己の商品やサービスについて使用すること、③登録できるものであること、という要件を満たし、登録されたものが保護されます。	・ハンバーガー屋のMマーク ・運送会社のクロネコマーク

　著作権法は次の事例12で解説します。また、不正競争防止法には、営業秘密（事例03参照）のほか、企業が不正な手段で、公正な企業間の競争を阻害するような行為を防止する規定があります。そのため、第3章の取引先とのコンプライアンスで解説します。

6　**知的財産に関するコンプライアンス** 〉〉〉〉〉〉〉〉〉〉〉〉〉〉〉〉〉〉〉〉〉〉〉〉〉〉〉

事例12「コンプラ記事をコピーして回覧！」（著作権）

12 コンプラ記事を コピーして回覧！

著作権

事例

　C課長は、電車の中で、好きな曲を集めて編集した自作のＣＤを聞きながら、毎週購入しているビジネス雑誌を読んでいます。

　雑誌の今週号には、企業のコンプライアンスに関する記事が掲載されており、充実した内容だったため、部下にも読んでほしいと思い、記事をコピーして部下に配布しました。

　また、ネットで見つけた風景写真が、営業用に使う広告イメージにピッタリだったので、D君にその風景写真をネットからおとして、簡易チラシを作るように命じました。

　CDは自分で聴くだけだし、コピーも社内で回覧するだけ、ただの風景画なら著作権も関係なさそうだから、何も問題はないと思うんだが？

01　著作権のキソのキソ

1　著作権とは

　著作権とは、ざっくりいうと美術、音楽、文芸、学術など、作者の思想や感情が創作性をもって表現された「著作物」（たとえば、小説や歌詞、写真などのほか、雑誌等の記事など）を創作した著作者の権利を保護するものです。

2　著作物を使おうとする場合

　たとえば、ホームページに掲載されている文書や絵、図表などを自由にプリントアウトして使うことはできるのでしょうか。答えはできません。使用するのであれば、著作権者の了解を得る必要があります。

●著作物の種類と例

著作物の種類	例
言語の著作物	講演、論文、レポート、作文、小説、脚本、俳句など
音楽の著作物	楽曲、楽曲を伴う歌詞など
舞踊・無言劇の著作物	日本舞踊、バレエ、ダンスなど
美術の著作物	絵画、版画、彫刻、マンガ、壺等の美術工芸品
建築の著作物	芸術的な建築物
地図・図形の著作物	地図、図表、設計図、立体模型
映画の著作物	劇場用映画、アニメ、ビデオ、ゲームソフトの映像部分
写真の著作物	肖像写真、風景写真など
プログラムの著作物	コンピュータ・プログラム

出所：文化庁「著作権テキスト」をもとに作成

02 著作物を自由に使える場合

　著作物を使用する場合、著作権者の了解を得ることが原則ですが、①著作権法の保護対象ではない場合、②保護期間が過ぎている場合、③例外規定がある場合には了解は不要です。

　①の例として、法令や官公文書のほか、例えば人事異動の記事など時事の報道などがあります。

　②の著作権の保護期間は、原則として、著作物が創作されたときから、著作者が生存している期間＋死後70年間です。外国人の著作物は、多くの場合、外国法と日本法を比べ、短いほうの期間で足ります。

　③の例外規定には、下記のようなものがあります。

・検討の過程による利用：会議等で、広告に使う著作物を比較検討したりする場合に、会議資料や企画書に載せることです。

・非営利・無料で行う演奏・上映等：たとえば、文化祭で学生が楽器の演奏をする場合です。非営利・無料という要件のほか、演奏者に報酬を支払わないなどの要件を満たす必要があります。

・私的使用のための複製：自分が楽しむためにお気に入りの曲のみを集めてＣＤを作成するなど、使用する本人が、仕事の目的以外で、家庭内などの限られた範囲で使用するなど一定の要件を満た

したうえで複製する場合です。

⑬ C課長の行為を検証すると……

⓵ C課長の行為の検証

事例では、C課長は、①好きな曲を集めて編集した自作のCDを作成、②雑誌の記事をコピーして部下に配布、③ネットで見つけた風景写真を簡易チラシに使用、という行為をしています。これらの行為を検証してみましょう。

①は、「私的使用のため」の範囲のため問題はありません。

②は、雑誌等の記事にも著作権があり、私的利用等ではないため、複製して配る行為は違法となります。

③のネットで見つけた風景写真といえども著作権があります。これを勝手にチラシに使うことは許されません。

⓶ C課長と会社の責任

C課長の②と③の行為は、著作権の侵害にあたります。この場合、C課長や会社はどのような責任を負うことになるのでしょうか。

記事や写真の著作者は、C課長に対して、民法上の不法行為に基づく損害賠償を請求することができます。また、著作権法上、著作権を侵害した場合、10年以下の懲役または1,000万円以下の罰金が科せられるほか、会社として広告等を出して著作権を侵害した場合は、3億円以下の罰金が科せられる可能性があります。

⓷ まとめ

C課長の②の行為は、著作者が有する複製権の侵害にあたりますが、複製をしなければ問題ありません。つまり、コピーせずに現物を回覧すれば問題ないわけです。

また、③の行為も、写真は権利者に問い合わせるか、自分で撮りましょう。

確 認 問 題

〔問〕 Ｘ社のＡさんの行為として、適切なものは次のうちどれです
か。

❶ 映画館で映画をこっそり録画したが、家で観るという私的利用の
ためであるので問題はない。

❷ 気に入った詩があったが、著作権者が誰か調べてもわからなかっ
た場合、そのままＸ社のホームページ等に掲載したとしても問題
はない。

❸ Ａさんが路上ライブで人気歌手の歌を歌うような行為は、非営利
の目的で、聴衆などからお金を受け取らなければ問題はない。

映画の盗撮により著作権を侵害した場合、映画の盗撮の防止に関する法
律により、私的使用目的であっても、10年以下の懲役や1,000万円以下の
罰金等の対象となります。ただし、この措置は、日本国内における最初の有
料上映後8月を経過した映画については適用されません。よって、❶ は不
適切です。

著作権者が誰だかわからない場合や、権利者がどこにいるのかわからな
い場合は、文化庁長官の裁定を受け、補償金を供託する（預ける）ことによっ
て、著作物を適法に利用することができます。したがって、著作権者が誰
だかわからなくても、勝手にホームページ等に掲載することはできません。
よって、❷ は不適切です。

著作物の例外的な無断利用ができる場合として、営利を目的とせず、かつ、
聴衆や観衆から料金などの対価を受けないような公の上演・演奏・上映が
あります。路上ライブにおいても、自作の CD を販売するようなことをせず、
非営利の目的で、聴衆などからお金を受け取らなければ、著作権法上問題
はありません。よって、❸ は適切です。　　　　　　　　**正解　❸**

7 その他オフィスにおけるコンプライアンス

さて、今までオフィスで守るべき法律をみてきましたが、それ以外にも守らなければならないことがたくさんあります。

(1) 社会のルールとしての法律

今まで挙げてきた事例や法律のほかに、たとえば、通勤に自転車を使っている場合には道路交通法を守らなければなりませんし、ゴミを分別・廃棄する場合には環境法（廃棄物処理法等）を守らなければなりません。

また、オフィスの建物について、消防法などを守らなければならず、建物の規模に応じて消防用設備（消火器・スプリンクラー等）の設置や、じゅうたん等を燃えにくいものにする防炎規制などがあり、オフィスのレイアウトにも気をつけなければなりません。

ほかには、不正アクセス禁止法（不正アクセス行為の禁止等に関する法律）があります。この法律では、なりすまし行為（他人のパスワードを使って無断でアクセスする）などが規制されており、オフィス内外の不正アクセス行為が禁止されています。

なお、道路交通法については事例 14、環境法については、事例 32 で触れています。

(2) 会社が従業員を守るための法律

会社は、従業員に給料を支払うだけではなく、安全・健康的に働いてもらえるように、環境を整えなければなりません。

セクハラやパワハラがない職場環境のほかに、労働安全衛生法上、従業員が病気やケガを負わないようにするための措置をとらなければなりません。また、事務所衛生基準規則では、換気の基準や保つ

べき室温・光量（照度）、給排水、トイレ（設置すべき個数等）などについて定められています。

事務所衛生基準規則（抜粋）
・事業者は、室の気温が10度以下の場合は、暖房する等適当な温度調節の措置を講じなければならない（4条）。
・事業者は、室の作業面の照度を、次の表の上欄（左欄）に掲げる作業の区分に応じて、同表の下欄（右欄）に掲げる基準に適合させなければならない（10条）。

作業の区分	基準
精密な作業	300ルクス以上
普通の作業	150ルクス以上
粗な作業	70ルクス以上

・事業者は、日常行う清掃のほか、大掃除を、六月以内ごとに一回、定期に、統一的に行う措置を講じなければならない（15条）

　そのほか、職業訓練や資格取得など、従業員の職業能力を開発して高めたり、労働意欲を高めるためのサポートなどをする努力義務などが法律により課されています。

　以上は、会社が行うべき取組みではありますが、上司としてもこれらの内容を理解し、適切に対応をしなければなりません。

　ほかにも、守らなければならない法律や規則等はたくさんあるとは思いますが、まずは本書に載っているものを押さえてください。

7 その他オフィスにおけるコンプライアンス

事例13「受動喫煙はしょうがない？」（受動喫煙）
事例14「自転車も車の仲間です」（道路交通法）
事例15「コンプラ違反を見つけたよ」（公益通報者保護）
事例16「違法じゃないけど、いいのコレ？」（風評リスク）

13 受動喫煙はしょうがない？

受動喫煙

事例

X社の従業員には、喫煙者が多くいます。そのため会議では、会議室での喫煙を認めています。たばこを吸わないB子さんは、C課長に対して、「会議室でのたばこを禁止してください」と求めたものの、C課長は、「たばこを吸ってリラックスすればいいアイディアが出るだろう」と言い、拒絶しました。

たばこの副流煙は、たばこを吸わない人にも悪影響を及ぼすからの。法律を守ってみんなニコニコじゃ。

　喫煙を規制する法律として、健康増進法があります。健康増進法では、栄養調査や保健指導、特定給食施設に関する国等の義務が定められているほか、受動喫煙を防止するための国等の措置、事業者や喫煙者の義務等が定められています。

01 健康増進法の改正

　2020年4月より、健康増進法が改正されました。これまで受動喫煙を防ぐことが努力義務でしたが、義務になるなど受動喫煙を防ぐ取組みが強化されました。

1 改正の主な内容

① 職場内における原則禁煙

　改正により、多くの施設において、室内での禁煙が原則となりました。なお、屋外に喫煙所を設置することは可能です。オフィスに

おいても、室内での禁煙が原則となりますが、次の条件を満たす場合に限り、室内に喫煙室または加熱式たばこ専用喫煙室を設置することが可能です。

・喫煙室の出入口において、室外から室内に流入する空気の気流が、0.2 m毎秒以上であること

・たばこの煙が室内から室外に流出しないよう、壁、天井等によって区画されていること

・たばこの煙が屋外または外部の場所に排気されていること

　喫煙室においては、飲食、会議など喫煙以外の行為をすることはできません。また、喫煙室がある施設の出入口には喫煙室がある旨の、喫煙室の出入口には喫煙室であることのステッカーやプレートなどの標識を掲示することが義務化されています。

　たとえ喫煙を目的としない場合であっても、喫煙室内に 20 歳未満の者を立ち入らせることもできません。従業員であっても、その者が 20 歳未満であれば、立ち入ることはできません。

② 子どもや患者などが主に利用する施設の場合

　学校、病院、薬局、児童福祉施設、行政機関の庁舎など、子どもや患者などが主に利用する施設においては、施設内での禁煙が原則

となります。室内は全面禁煙となり、屋外であっても、受動喫煙防止措置が取られた特定屋外喫煙場所を除いて禁煙となっています（この規制は、2019年7月から施行されています）。

❷ 健康増進法上の義務・責任

施設の管理者は、喫煙が禁止された場所に喫煙器具や灰皿等を置いてはいけません。違反した場合、都道府県知事から勧告・命令等を受けることがあります。また、違反者に対しては、最大で50万円の罰金が科されることがあります。

❸ その他の責任

健康増進法のほか、各地方公共団体で喫煙に関する条例を定めている場合には、条例も守る必要があります。

(02) 会議室でたばこは吸えるのか

X社の事例では、会議室での喫煙は健康増進法に違反します。対応としては、会議室での喫煙を禁止するとともに、全館禁煙にするか、一定の要件を満たした喫煙場所を設ける必要があります。

もしこれを守らない場合、X社やC課長はどのような責任を負う可能性があるでしょうか。健康増進法に違反した場合、都道府県知事から、施設の管理者に勧告・命令などが行われるほか、違反者には最大50万円の罰金が科される可能性があります。

(03) まとめ

X社が喫煙者の喫煙を認めるのであれば、喫煙室を用意し、従業員の意識を変えて、みんなが働きやすい職場になるように取り組むべきです。

確 認 問 題

〔問〕 改正健康増進法に関する記述について、適切なものは次のうち
どれですか。

❶ オフィスにおいて喫煙所を設けた場合、喫煙所で飲食や会議など
を行うことができる。

❷ オフィスにおいて喫煙所を設けた場合、喫煙を目的としない場合
であっても、20歳未満の者を入室させることはできない。

❸ 加熱式たばこであれば、煙は出ないので健康増進法の規制は受け
ず、室内のどこででも吸うことができる。

　健康増進法の改正により、オフィスにおいても、室内での禁煙が原則と
なります。室内に喫煙室または加熱式たばこ専用喫煙室を設置することが
可能ですが、一定の条件を満たす必要があります。また、喫煙室においては、
飲食、会議など喫煙以外の行為をすることはできません。よって、**❶** は不
適切です。

　たとえ喫煙を目的としない場合であっても、喫煙室内に20歳未満の者を
立ち入らせることはできません。従業員であっても、その者が20歳未満で
あれば、立ち入ることはできません。よって、**❷** は適切です。

　健康増進法では、加熱式たばこも対象となります。よって、**❸** は不適切
です。　　　　　　　　　　　　　　　　　　　　　　　　**正解 ❷**

14 自転車も車の仲間です

道路交通法

事例　X社のA君は、課の飲み会のあと、べろべろに酔っぱらって自宅の最寄駅に着きました。

　駅から家へは自転車を使っており、A君は途中で吐きながらも自転車に乗ってふらふらと家に帰ることにしました。しかし、自転車のライトやブレーキの片方が壊れており、暗がりに落ちていた棒に気づかずに乗り上げて転んでしまいました。

> 道路交通法では、自転車は軽車両として自動車に準じた扱いをされるんじゃ。

01 自転車の飲酒運転も法律違反です

　自転車は、道路交通法において、荷車や馬車などとともに「軽車両」に分類されます。道路交通法は、自動車だけでなく、自転車についても、飲酒運転を禁止しています。

　道路交通法は、「何人も、酒気を帯びて車両等を運転してはならない」と規定しています。この「車両等」には「軽車両」も含まれますので、自動車やオートバイの場合と同様に、飲酒して自転車を運転することは禁止されています。

　酒酔い運転の場合は、5年以下の懲役、または100万円以下の罰金が科されます。酒気帯び運転については、とくに罰則はありませんが、法律違反をしていることには違いがありません。

　A君はべろべろに酔って、ふらふらしていたということですので、

酒気帯びではなく酒酔い運転をしていたとみられます。よって、5年以下の懲役、または100万円以下の罰金が科され得ます。

⑫ 自転車でしてはいけない行為

そのほかにも、自転車で禁止されている行為が道路交通法で定められていますので、みていきましょう。

■ 整備不良は道路交通法違反

A君の自転車は、ライトが壊れているうえ、ブレーキも壊れているというおんぼろぶりです。この点について、夜間は灯火（ライト）をつけなければなりませんし、基準に適合する制動装置（ブレーキ）を備えていない自転車を運転してはならないことになっており、いずれも道路交通法違反となります。

② 自転車でよく見られる道路交通法違反

そのほか、道路交通法や各都道府県の道路交通規則などで禁止されている行為を挙げると、以下のようなものがあります。
・傘をさしながら運転すること
・左折・右折・停止等する際に、手により合図をするのを怠ること
・携帯電話で通話しながら運転すること

・ハンドル・ブレーキ等を確実に操作する安全運転義務を怠ること

・イヤホンをして音楽等を聴きながら運転すること

・道路標識を守らないこと

　また、自転車も、次のような自動車用の道路標識を守らなければ
なりません。

 進入禁止：「自転車を除く」という補助標識がなけ
れば、自転車も進入してはいけません。

 一方通行：補助標識がなければ自転車も逆走できま
せん。

 車両通行止め：自転車を含むすべての車両が通行止
めとなります。

　なお、2023年4月から自転車に乗る人もヘルメットをかぶるこ
とが義務化されました。努力義務ですが、自分を守るため、できる
だけかぶりましょう。

3 その他の法律違反

　道ばたで吐く行為自体には、法的な規制はありません。ただし、
条例等で規制がある場合や、他人の家の塀などに吐いた場合は、民
事的な責任を負う可能性があります。

4 電動自転車の取扱い

　なお、電動アシスト自転車については、道路交通法では自転車の
扱いですが、電力で一定以上の速度を走行できるようなものは、原
動機付自転車の扱いとなります。

　どちらにあたるかは、購入時に確認をしてください。

確 認 問 題

〔問〕　Ｘ社のＡさんが自転車に乗る際のコンプライアンスに関する記述について、適切なものは次のうちどれですか。

❶　自転車であっても、交差点を右折する場合は、原則として、いわゆる二段階右折をしなければ、道路交通法違反となる。

❷　朝、子どもを幼稚園に送るために、専用チャイルドシートに子どもを乗せて２人乗り運転をすると、道路交通法違反となる。

❸　夜、お酒を飲んだ後で運転しても、自転車であれば道路交通法違反にはならない。

　自転車であっても、交差点を右折する場合は、原則として、いわゆる二段階右折（道路の左端に寄り、交差点の側端に沿って移動する方法）をしなければ、道路交通法違反となります（道路交通法34条）。よって、❶ は適切です。

　原則として、自転車の２人乗りは禁止されていますが、16歳以上の運転者が、幼児用座席に6歳未満の幼児を乗車させて運転することはできます。また、16歳以上の運転者は、幼児２人同乗用の専用自転車であれば、6歳未満の幼児を２人乗車させることができます。よって、❷ は不適切です。

　お酒を飲んだ後に自動車に乗ることは道路交通法違反になりますが、乗るのが自転車であっても、同様に道路交通法違反となります。よって、❸ は不適切です。　　　　　　　　　　　　　　　　　　　　**正解　❶**

コンプラ違反をみつけたよ

公益通報者保護

事例
　A君がX社の屋上で休憩をしていると、物陰で電話をしている声が聞こえてきました。
　「ぐふふ、下請会社のW社さん……では、代金の水増し分はわしの口座によろしく。今後とも仲良くやっていこうや……。」
　A君は、（下請会社に代金を水増しして請求させて、水増し分をもらっている。これは犯罪だ！）と思いました。すると物陰から役員のK常務が出てきて、A君を見るなり言いました。
　「今の話聞いてた？　おまえにも少し分け前をやるからこのことは黙っておくように！　漏らしたらクビだからな！」

　クビになるのと黙ってるのなら、黙っている方が楽ではあるが、見逃してはいかんぞ！！

01 会社の中で悪事が発覚したら?

1 君ならどうする?

　さて、A君はK常務が法令違反をしていることを知ってしまいましたが、漏らしたらクビだとクギを刺されてしまいました。法令違反は見逃せませんが、クビにされたら生活が……。黙っていた方が楽ですので、このまま見逃すのが良いのでしょうか？

　モチロン答えはノーです。しかるべきところに通報するべきでしょう。

2 公益通報者は保護される

　公益（組織の違法行為を明るみに出すことによって、その是正を促し、消費者や社会に利益をもたらす）に関する通報をした人は、公益通報者保護法により、通報したことによる不当な降格や解雇から守られることになります。Ｋ常務の行為を通報することは、公益に合致するといえるでしょう。

02 公益通報者保護法によって保護される要件

❶ 公益通報をすることができる人は？

　まずは通報する人からです。違法行為を行った人が所属している会社に勤めている労働者（正社員や派遣労働者、アルバイト、パートタイマーのほか退職者も含みます）や、取引先の社員なども通報することができます。Ａ君とＫ常務はＸ社に所属しており、Ａ君は公益通報をすることができます。

❷ どこに通報するの？

　通報は、①事業者内部、②行政機関、③報道機関などにできます。

① 事業者内部

　公益通報者保護法に基づき、事業者（組織内で常時働いている労働者の数が301名以上の事業者）は組織内に内部通報を受け付ける窓口を設置することが義務付けられています。通報先としては、事業者が設置した内部通報窓口や、事業者が契約する外部の法律事務所、また、管理職や上司も通報先となる場合があります。

② 行政機関

　通報された事実について、勧告、命令の権限を有する行政機関が通報先になります。一般には、通報対象事実に関係する行政機関と考えてもよいでしょう。

③ 報道機関など

　報道機関や消費者団体、労働組合など、そこへの通報が被害の発生や拡大を予防するために必要であると認められるものが通報先に

なります。

　社内の通報先に通報してももみ消される恐れがある場合は、②や③の通報先に通報することができます。

❸ どんな行為を通報できるの？

　対象となる法律の例については、刑法、食品衛生法、金融商品取引法、廃棄物処理法、個人情報保護法など、約500の法律に規定されている犯罪行為などです。

　「犯罪行為」の例は、他人のものを盗んだり、横領したりする、安全基準を超える有害物質が含まれる食品を販売する、無許可で産業廃棄物の処分をする、などたくさんあるのですが、「これは法令違反だ」と思ったら通報しましょう。

❹ 通報を受けた事業者はどうする？

　通報を（直接または間接的に）受けた事業者は、必要に応じて適切な是正措置をとったり、是正措置をとった場合はその旨などについて、公益通報者に知らせたりする必要があります。

　また、通報をした人に対しては、不利益な取扱いが禁止されています。不利益な取扱いとは、解雇、降格、給与上の差別、減給、退職の強要、訓告、もっぱら雑事に従事させる、などです。

⓪③ まとめ

　A君はK常務の違法行為を知ってしまいました。これを公にしてしまうと、自分がクビになってしまうかもしれない、K常務の人生が終わるかもしれない、会社の取引先や顧客が逃げてしまうかもしれない……など、悩ましいことになってしまいます。

　しかし、やはり事業者自身が違法行為を早期に把握し、自浄作用を発揮させることにより違法行為の是正を図ることは、事業者の社会的責任を果たすことになります。

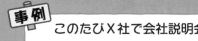

違法じゃないけど、いいのコレ？

風評リスク

事例

このたびX社で会社説明会が開かれました。説明をするのはC課長です。C課長は話の中でこう言いました。

「うちの販売戦略は、学生などの世間知らずに安く教材を提供することで囲い込んでしまい、うちの商品の中毒者になってもらう『田舎者しゃぶしゃぶ漬け作戦』なんです」

会場では笑い声もあって、和やかに終了。

しかし、その後SNSに「X社の会社説明会に出てきたけど、X社は『田舎者シャブ漬け作戦』を取ってるとか言ってる」といった投稿がなされた。

 発言は具体的に誰かの名誉を毀損しているわけでなく法律に違反はしてないかもしれんが、人を馬鹿にしたようで不愉快じゃの。

01 違法性のない発言等のリスク

1 C課長の発言の問題点は

さて、C課長の発言は、特定の誰かを誹謗中傷して名誉を毀損したというわけではなく、法令に違反しているわけではありません。X社が「田舎者シャブ漬け作戦」を取っているわけでもなさそうです。C課長は冗談のつもりで言ったのだと思われます。

しかし、たとえそうではなくても、その発言を聞いた人は、たいてい不快に感じるであろうことは容易に想像がつくと思います。そして、それを公の場で発言した場合、多くの人が不快に感じるのではないでしょうか。こうした不快に感じる発言を聞いた場合、X社

に対してどのような気持ちを持つことになるでしょう。Ｘ社では働きたくない、というだけではなく、今後もＸ社の商品は買わない、Ｘ社とは関わりたくない、と思うようになるでしょう。

❷ コンダクト・リスクという概念

　少し話は飛びますが、金融庁の「コンプライアンス・リスク管理基本方針」に次のような記載があります。

　「近時、コンダクト・リスクという概念が世界的にも注目を集めはじめている。……法令として規律が整備されていないものの、①社会規範に悖る（注：もとる。「道義に反する」といった意味です）行為、②商慣習や市場慣行に反する行為、③利用者の視点の欠如した行為等につながり、結果として企業価値が大きく毀損される場合が少なくない。そのため、コンダクト・リスクという概念が、社会規範等からの逸脱により、利用者保護や市場の公正・透明の確保に影響を及ぼし、……信用毀損や財務的負担を生ぜしめるリスクという点に力点を置いて用いられることもある……」

　法令で違法と定められていない行為であっても、モラルに反する行為は企業価値を損なう恐れがある、といえるでしょう。

　そう考えますと、Ｃ課長の発言は社会規範に悖る行為であると考えられ、Ｘ社に優秀な人材が入らなくなるというだけでなく、商品は売れなくなり、取引先からも避けられてしまうリスクが生じたことになります。企業にとっては業務妨害に当たると考えられなくもありません。

⓪②　Ｘ社がとるべき対応

　Ｘ社としても、すぐに下記のような対応をとるべきです。放置をしておくとさらにリスクを抱え込むことになります。なぜなら、放置をするということは、Ｃ課長の発言を容認しているということに捉えられかねないからです。

X社がとるべき対応として、下記の対応が考えられます。

① お詫び

まずはお詫びです。C課長の発言を聞いて不快な思いをした人に対してお詫びをし、X社が「田舎者シャブ漬け作戦」など取っておらず、誠実に商品作りや販売を行っているということを、ホームページ等で伝えます。

② 担当者の処分と再発防止措置

お詫びの際、このような発言をしたC課長の処分を発表します。就業規則上、過失により会社に損害を与える、といった懲戒事由に当たると思われるため、けん責や減給などの処分が妥当かと思われます（●頁参照）。

そして、C課長をはじめ、広報担当職員などへの研修などによる再発防止措置をとり、対策していることを公表すべきです。

03 まとめ

ハラスメントもそうですが、悪意はないという言い訳は通用しません。冗談でもこういう発言をしないようにきっちりと研修などで教え込むべきでしょう。

「研修は下っ端が受ければよいのだ。自分には関係ねぇ！」とふんぞり返っている会社の重役ほど、研修を受けたほうがよいと思います。

第2章
お客さまに対するコンプライアンス

> ❶ 消費者契約法等の概要
> ❷ 営業活動に関するコンプライアンス
> ❸ 商品・製品に関するコンプライアンス

　本章では、お客さまに対するコンプライアンスをみていきます。大きく分けると、①事業者とお客さまとの法律関係を規制する消費者契約法等の概要、②営業活動において問題となり得るコンプライアンス、③商品や製品に欠陥等があった場合の事業者の責任となります。

1. 消費者契約法等の概要

(1)　消費者契約法とは

　消費者契約法は、事業者と消費者の情報の質や量、交渉力の格差から、不利な立場になりやすい消費者を守るための法律です。主に、事業者による不当な勧誘方法による契約の取消しや、不当な契約条項を無効とするような内容を規定しています。事業者とは、会社のような法人等をいい、消費者とは一般個人をいうものとされ、この法律では、事業者と消費者の間の契約について、規制をしています。

(2)　不当な勧誘方法とは

　不当な勧誘方法には、次のようなものがあります。
・お客さまが商品やサービスを購入する意思決定の際に、重要な事項について、うそを言って契約をさせること（不実告知）
・メリットのみを伝え、デメリットを伝えないこと（不利益事実の

不告知）

・「将来必ず値上がりして儲かる！」など、不確実であるにもかかわらず断定して説明をすること（断定的判断の提供）

・お客さまの家を訪問し、帰って欲しいと言われても居座わり、しかたなく契約をさせること（不退去）

・事業者の事務所等でお客さまに説明をして、帰りたいという意思に反して帰らせずに契約をさせること（退去妨害）

(3)　不当な契約条項とは

　契約（契約書）のなかに、「何があっても事業者は一切責任を負いません」といった、責任（損害賠償）を逃れるような内容や、「商品などに不具合があっても、キャンセルは一切できません」といった内容は不当な契約条項に該当し、その部分が無効となります（ただし、契約そのものは無効になりません）。

　第1章の2で、民法における契約の基本を解説しましたが、契約自由の原則のもと一般の消費者と契約をする場合、契約条項は小さな文字で書いておき、何かあっても責任を負わないという悪質な事業者が後を絶たなくなってしまいます。そうならないように、事業者と消費者が契約を結ぶ際の基本原則として、消費者契約法が定められています。そのほか、消費者との契約において重要な役割を果たすクーリング・オフについてもここで取り上げます。

> ## 1：　消費者契約法等の概要 ››
>
> 事例17　「営業は粘りが大事？」（禁止される勧誘①）
> 事例18　「その売り方は違法です」（禁止される勧誘②）
> 事例19　「クーリング・オフで、あの話、なかったことに」
> 　　　　　　　　　　　　　　　　　　　　　　（クーリング・オフ）

17 営業は粘りが大事?

事例　個人向け商品のセールスを担当するB子さんは、「社労士合格も夢じゃ
ない　通信教材」販売のため、個人宅に飛び込み営業を行っています。最
近は営業成績が振るわず、先輩従業員から「もう少し粘り強くお客さまと
接して、成果を上げてこい」と厳しく指導されてしまいました。
　　その日、B子さんは自社の商品の購入歴があるお客さまの自宅を訪問し
て商品の購入を勧めようとしたところ、お客さまから「社労士を受ける気
はないからもう帰ってほしい」と言われました。しかし、B子さんはすぐ
に帰ることなく、社労士資格のすばらしさについて説明を続けた結果、な
んとかお客さまに購入してもらうことができました。

社労士資格はすばらしい。けれども、要らない
人に押し売るのはよくないぞい。

　「その資格を受験する気はないから帰ってほしい」と話すお客さ
まに対して、B子さんは帰らず、粘っています。B子さんのこのよ
うな行動に問題はないのでしょうか。また、本当に合格するかわか
らないのに「社労士合格も夢じゃない」と売り込むことは問題ない
のでしょうか。

01 帰ってほしい!と言われているのに居座っていいの?

1 消費者契約法による規制

　消費者契約法は、事業者が消費者の住居などから退去しなかった
り、一定の場所から消費者を退去させないまま契約を締結させた場

114

合について、消費者が契約を取り消すことができることを規定しています。

　B子さんはお客さまから「帰ってほしい」と言われているにもかかわらず、帰らずに勧誘を続けました。その結果、根負けしたのか、お客さまは契約を結んで商品を購入しました。このような場合、お客さまは契約を取り消すことができます。

２ その他の法律による規制

　「商品を購入してくれるまでは帰らない」「買ってくれるまでは、ここを動かない」などと告げて無理やり購入を迫れば、民法上の強迫や刑法の不退去罪が成立することもあります。強迫と認められるとその行為を取り消すことができますが、消費者契約法を適用するほうが契約の取消しは認められやすいでしょう。

　なお、事業者の店舗や事務所の一室などで商品を勧誘している場合に、消費者が帰りたいと言ったにもかかわらず、事業者が帰らせなかったため、消費者が困惑して商品を購入してしまったときにも、同様に契約を取り消すことができます。

02 「社労士合格も夢じゃない」は大丈夫？

　消費者契約法は、ほかにも「不実告知」「断定的判断の提供」「不

利益事実の不告知」について規定しており、これらに該当すると、消費者は契約を取り消すことができます。

「不実告知」とは、契約を締結するかどうかの判断に影響を及ぼす重要事項について、事実と異なることを告げることをいいます。商品に、その性能がないにもかかわらず性能があるかのように説明することがこれにあたります。

「断定的判断の提供」とは、将来における変動が不確実な事項について、あたかも確実であるかのように消費者に示すことをいいます。たとえば株式売買の勧誘において、「この株は必ず半年後に上がります」と説明することなどがこれにあたります。

「不利益事実の不告知」とは、消費者に不利益となる重要な事実を、故意または重大な過失によって、それを伝えずに販売することなどがこれにあたります。すなわち、日当たりがいいマンションを売る際に、半年後に別のマンションが建って日当たりが悪くなることを知りつつ、それを伝えずに販売することなどです。

事例の「社労士合格も夢じゃない」というケースは、「断定的判断の提供」に当たるか否かが問題となりますが、断定的な判断を提供しているとは認められないでしょう（消費者庁「消費者契約法逐条解説」参照）。

03 まとめ

Ｂ子さんの事情もあるのでしょうが、粘ったとしても結局取り消されては頑張って売った意味がありませんし、会社の評判も落ちてしまい、次につながりません。会社としては、消費者の「帰ってほしい」「帰りたい」という意思を十分に尊重し、無理に商品を勧誘しないようにすることが重要です。

確 認 問 題

〔問〕 営業担当のＡさんは、お客さまの自宅を訪問し、自社の健康食品を販売しました。消費者契約法に基づいて取り消される可能性があるものとして適切なものは、次のうちどれですか。

❶ 「とても美味しい」と告げて勧誘した。

❷ 「毎日食べれば必ず痩せる」と告げて勧誘した。

❸ 「この商品はお買い得」と告げて勧誘した。

　消費者契約法において、「不実告知」とは、契約を締結するかどうかの判断に影響を及ぼす重要事項について、事実と異なることを告げることをいいますが、「事実と異なる」とは、告知の内容が、客観的に真実や真正ではないことをいいます。そのため、「美味しい」とか「お買い得」というような主観的な評価や認識は、「事実」にはあたりません。よって、❶ と ❸ は不適切です。

　次に、「断定的判断の提供」とは、将来における変動が不確実な事項について、あたかも確実であるかのように消費者に示すことをいいますが、この「事項」には、財産的な利益以外も広く含まれます。そのため、「食べれば必ず痩せる」とか「食べれば必ず身長が伸びる」というような財産的利益以外の事項も対象になります。そのため、断定的判断の提供として取り消される可能性があります。よって、❷ は適切です。　　　　　**正解 ❷**

18 その売り方は違法です

禁止される勧誘②

事例

　A君は、就職活動を行う学生に向けた有料の就職セミナーの営業担当になりました。

　ある日、学生からセミナーに関する問い合わせの電話がありました。A君は、「ここが腕の見せどころ」と考え、就職活動に対して大きな不安があることを話すその学生に対し、「このままでは一生成功しませんよ。この就職セミナーはあなたにとって絶対に必要です」と繰り返し告げた結果、学生は就職セミナーへの参加を決めました。

　A君の部下の社員K子さんは、A君の指示で、相談に来た別の学生とデートを2〜3回して誘惑し、恋愛感情を抱かせ、「セミナーに参加しないとお別れね」と言い、セミナーに参加をさせました。

この前、街でカップルが口論していて、女性が絵を買わないと別れる、と言っておったが、「そういう勧誘は消費者契約法違反じゃ!」と言って諭したんじゃ。

　就職活動に対する不安を話す学生の不安をあおってセミナーに参加させるA君の勧誘行為に、問題はないのでしょうか。

01 不安を抱かせて契約するのは大丈夫?

　社会生活上の経験が乏しく、消費者が願望の実現に過大な不安を抱いていることを知りながら、不安をあおって契約させるという勧誘行為により契約が結ばれた場合、消費者は、その契約を取り消すことができます。社会生活上の経験に乏しい人たちの不安をあおって食い物にするような勧誘から消費者を守るため、このような規制

が定められています。

　ビジネスなどの教室やセミナー、エステティック、タレント・モデルの養成など、消費者の願望を実現するための商品・サービスについて勧誘する際は、この規制にあたらないように気をつけなければなりません。

② デート商法はいけません

　消費者契約法は、このほかにも、社会生活上の経験が乏しい消費者が、勧誘者に好意を抱き、勧誘者も消費者が好意を抱いていると誤信していることを知りながら、契約をしなければ関係が破綻すると告げて契約を結ばせる類型、いわゆる「デート商法」についても規制しています。K子さんがしたような、人間関係を不当に利用した勧誘行為によって契約をしたときは、消費者はその契約を取り消すことができます。

③ 他に問題となる勧誘

　そのほかにも、加齢や心身の故障によって判断能力が著しく低下しており、現在の生活を維持することに大きな不安を抱いていることを知りながら、その不安をあおって勧誘し、契約を結ばせる類型についても、消費者はその契約を取り消すことができます。具体的

には、お年寄りに対して、「今すぐ投資用のマンションを買わなければ、定年後、今のような生活を送ることができなくなる」と告げて不安をあおり、マンションを購入させるような場合です。

　また、霊感などの特別な能力により、消費者にそのままでは重大な不利益が生じることを示して不安をあおって勧誘し、契約を結ばせる類型についても、消費者は契約を取り消すことができます。たとえば、「私には、あなたに取り憑いている悪霊が見える。この仏壇を買わなければ、悪霊のせいで病状が今より悪化する」と告げて不安をあおり、仏壇を購入させるような場合です。

　さらには、契約前にもかかわらず強引に代金を請求するような類型に対する規制、たとえば、事業者が、注文を受ける前に、消費者の自宅の物干し台のサイズに合わせてさお竹を切断してしまい、消費者の断りにくい気持ちに乗じて代金を請求する場合や、商品勧誘のためにレストランで説明をしたが購入を断られ、「買わないのなら飲食代を支払え」と告げて勧誘する場合には、その結果、消費者が契約を締結してしまっても、取り消すことができます。

⑭ まとめ

　A君やK子さんは、学生の不安や恋愛感情を利用して勧誘しています。これらの行為は消費者契約法に違反するものですし、SNS等の発達した現在において、こういう行為が知れ渡り、それを行っている会社の社名がさらされた場合は、会社の営業活動にも支障がでかねません。

　A君が部下のK子さんにそのような行為をさせるということは、会社ぐるみで違法行為をしていると捉えられかねません。A君がそのような行為をさせないことはもちろん、K子さんもこのような指示があった場合、断ったり上司に相談したり、あるいは内部通報制度を利用して、このような勧誘をしないことが大切です。

確 認 問 題

〔問〕　販売員のＡさんは、高齢で１人暮らしをしているお客さまが店舗を訪れた際、接客を担当し、商品を販売しました。商品の分量からみて、消費者契約法に基づいて取り消される可能性があるのは、次のうちどれですか。

❶　毎日の食事を宅配で済まし、自炊をしないお客さまに、米30キロを販売した。

❷　甘いものが好きなお客さまに、お菓子を１箱販売した。

❸　おしゃれが好きなお客さまに、衣服を数着販売した。

　Ａさんは、高齢で１人暮らしをしているお客さまと、自社の商品についての売買契約を結んでいます。

　消費者契約法は、事業者が、消費者にとって通常の分量を著しく超えることを知りながら契約を勧誘した場合、消費者がその契約、いわゆる「過量契約」を取り消すことができると定めています。これは、判断能力が低下している消費者に対して、事業者が不必要なものを大量に購入させるといった消費者被害が発生することを防止するものです。物品に限らず、施設を利用する権利や、サービスを受ける権利なども対象となります。

　甘いものが好きな１人暮らしのお年寄りであれば、お菓子１箱なら通常の分量といえるでしょう。また、衣服数着であれば、分量としては問題ないと思われます。よって、❷と❸は適切です。

　しかし、毎日の食事を宅配で済まし、自炊をしないお年寄りが米を30キロも消費することは考えにくく、通常の分量を大きく超えるものと考えられます。そのため、過量な内容の消費者契約として取り消される可能性があります。よって、❶は不適切です。　　　　　　　　　　**正解　❶**

19 クーリング・オフで、あの話、なかったことに

クーリング・オフ

事例　個人向け商品のセールスを担当するＡ君が、以前商品を購入したお客さまに電話をかけて、新商品の売り込みをしました。

　ようやく、あるお客さまが新商品の購入を決め、購入手続が完了しました。しかしその翌日、お客さまから、「一晩よく考えてみたが、その商品は必要ないので、購入をとりやめたい。申込を撤回したい」との連絡があったので、「契約が成立してしまったのでそれはできない」と断りました。

> 電話勧誘販売によって物を売った場合、買った人にはクーリング・オフ制度が適用されるんじゃ。

　購入をとりやめたいと話すお客さまに対して、Ａ君は、すでに契約が成立していると言って断っています。Ａ君のこのような説明に問題はないのでしょうか。

01 Ａ君の説明の何が問題か

　販売業者から消費者に電話をかけて消費者を勧誘し、商品を販売することを、電話勧誘販売といいます。

　電話による勧誘には、不意打ち、顔が見えない、電話をかければ簡単に消費者へアプローチできる、繰り返し勧誘が行われる、といった特徴があります。そのため、契約を結ぶ意思が不安定な状態で、消費者が契約の申込をしたり、契約を結んでしまったりするケースが多く、そのため、「特定商取引に関する法律」（特商法）などによっ

て、クーリング・オフ制度が定められています。

⑫ クーリング・オフ制度とは

❶ クーリング・オフ制度の概要

　クーリング・オフ制度とは、いったん契約の申込や契約の締結をした場合でも、消費者が契約をそのまま維持するかよく考えることができるようにし、一定の期間であれば、消費者が返品費用を負担することなく、無条件・無理由で契約の申込を撤回したり、契約を解除したりすることができるという制度です。つまり、「商品を買ったけど、よく考えたらやっぱり必要ないから商品は送らないでほしい」とか、「商品は受け取ったけど、いらないから返品したい」という場合に、この制度が利用されます。

❷ クーリング・オフ制度を使うためには

　電話勧誘販売によって商品を購入した消費者がクーリング・オフ制度を利用する場合に、どのような手続が必要になるでしょうか。

　まず、消費者は、商品購入の契約書面を受け取った日から8日以内に、クーリング・オフの意思表示をしなければなりません。もし、契約書面が消費者に交付されていなかったり、その書面に必要な事

項が記載されていなかった場合には、消費者がいつでもクーリング・オフをすることができることになりますので、販売業者としては、契約書面をしっかり作成してお客さまに交付することが大事です。

なお、消費者がクーリング・オフの意思表示をする場合には、書面によって行う必要があります。

03 クーリング・オフ制度の適用範囲

クーリング・オフ制度は、電話勧誘販売以外の場合にも適用されます。

たとえば、販売員が消費者の自宅などを訪問して、商品の購入を勧める訪問販売（キャッチセールスなども含む）、当初の商品購入者が次には販売者となって取引が連鎖していく連鎖販売取引、いわゆるマルチ商法などにもクーリング・オフ制度の適用があります。

また、特商法だけでなく、保険契約では保険業法、宅地・建物の取引では宅建業法、投資顧問契約では金融商品取引法などにおいても、クーリング・オフの規定が定められています。

04 まとめ

A君はお客さまに対して、電話勧誘の方法で新商品を販売しました。そのため、お客さまは、契約書面を受け取る前、および受け取った後8日以内であれば、契約の申込を撤回することができます。したがって、A君は、お客さまからの申込撤回の申し出を拒否することができません。

A君は、お客さまに対し、書面でクーリング・オフができることを伝えましょう。

確 認 問 題

〔問〕　**Aさんが働く会社は通信販売事業を行っています。ある日、ネットショッピングで商品を購入したお客さまから電話があり、やはり商品が気に入らないのでクーリング・オフしたい、との申し出がありました。この場合、お客さまのクーリング・オフの申し出への対応として、適切なものは次のうちどれですか。**

❶　クーリング・オフに応じなければならない。

❷　クーリング・オフの対象ではなく、返品に応じる必要はない。

❸　クーリング・オフの対象ではないが、返品に応じなければならない場合がある。

　クーリング・オフ制度は、通信販売には適用されません。それは、訪問販売などとは異なり、消費者が自ら商品を検討して選択し、購入を申し込む点で、不意打ちの要素が少なく、自主性が損なわれる程度が少ないという理由からです。よって、❶ は不適切です。

　もっとも、通信販売については、クーリング・オフとは異なりますが、返品についてのトラブルを防止するために、消費者は原則として返品をすることができるという、法定返品権が定められています。消費者は、商品を受け取ってから8日以内に、申込の撤回・解除の意思表示を行うことで返品することができます。この場合、クーリング・オフとは異なり、消費者は返品の費用（送料など）を自ら負担しなければなりません。よって、❷ は不適切、❸ は適切です。

　なお、通信販売業者が、法律の規定とは異なる返品特約を広告に表示している場合には、その特約が法律の規定に優先されます。通信販売業者は、返品特約をあらかじめ広告に表示することにより、消費者からの返品を制限することができます。　　　　　　　　　　　　　　　　**正解　❸**

2 営業活動に関するコンプライアンス

　お客さまに対するコンプライアンスについて、前節ではお客さまとの契約に関する基本的な事項を説明しましたが、本節では、営業活動をしていくなかで起こり得る事項について解説していきます。

　お客さまに対しては、さまざまな営業活動が考えられます。

　たとえば、店舗を構えてそこで商品や製品を売る場合に、ＰＯＰ（Point of purchase advertising：購買時点広告）やチラシを作って商品の良さをアピールしたり、作ったチラシを配ったりしますよね。また、お客さまのところに訪問して、直接商品の説明をしてアピールをしたりすることもあるでしょう。

(1)　お店で商品を販売するときに気をつけるべきこと

　お店で商品を販売する際には、ＰＯＰを使って商品のメリットなどを説明したりすることもあるでしょう。たとえば外国産の野菜を売るときに、その産地を偽って「○○県産」と書くと、お客さまは見分けがつかなくなり、国産の野菜を買いたいと思っている人が誤って買ってしまうかもしれません。

　このように、お客さまが商品を自分で選んで買うようなお店の場合であっても、ＰＯＰなどにお客さまがその商品を誤認して選んでしまうような内容を書くことは、景品表示法などで禁止されています。

　さらに、チラシを作る際も同様の問題がありますし、チラシに人気アニメのキャラクターを載せたりすると、著作権の問題も発生します。

　そのほか、お店に知り合いや有名人などが来店した場合、住所や

生年月日などの個人情報を知ってしまうことがあります。それ自体は仕方がないのですが、それを思わず公開してしまうと、大変なことになりかねません。

(2) お客さまのところで営業活動をする際に気をつけること

一方、お客さまのところに出向いて営業活動をする際に気をつけることとして、たとえばチラシを配る際に、立入禁止のマンションに入ってチラシを投函してもよいのかといったことや、移動の際に道路交通法を遵守すること（主に自動車の場合。自転車については事例 14 で解説しています）などがあります。

なお、「1　消費者契約法の概要」で解説した不退去、商品説明、クーリング・オフについては、ここでは省略しています。

では、具体的な事例で確認していきましょう。

2　営業活動に関するコンプライアンス ＞＞＞＞＞＞＞＞＞＞＞＞＞＞＞＞＞＞＞＞

事例20　「ウソの広告で人気商品のできあがり」（景品表示）
事例21　「芸能人の㊙情報あげ！ オレのＳＮＳバズりそう！」
（個人情報）
事例22　「営業は地道にビラ配りから？」（住居侵入）
事例23　「社用車に乗ってドライブへ！」（事故の責任）

20 ウソの広告で人気商品のできあがり

景品表示

事例

A君の友達のH君は、食品会社Z社に勤めています。

Z社では、シチューの新製品の通信販売用カタログに「日本各地の特産品をふんだんに使用」「一流レストランのシェフ監修」と記載して販売していましたが、実は、食材は外国から輸入されたものがほとんどで、監修者も特にいませんでした。

しかし、この内容が話題を呼び、新製品は人気商品となっており、A君はH君に手に入らないかおねだりしました。

> このような表示をすると、景品表示法違反で大変なことになるぞよ！

実際にはそうではないにもかかわらず、当該商品があたかも非常に良い品質（規格、内容）であるとお客さまに思わせるような表示をすることは許されるのでしょうか。また、許される場合、どの程度までなら許されるのでしょうか。

01 景品表示法とは

■1 不当景品類及び不当表示防止法（景品表示法）とは

お客さまは、みんなより良い商品やサービスを求めています。ところが、実際より良く見せかける表示や、過大な景品を付けて販売をすると、それらにつられてお客さまが質の良くない商品やサービスを買ってしまい不利益を被るおそれがあります。このようなことを防ぐため景品表示法は、商品やサービスの品質、内容、価格など

を偽って表示を行うことを規制するとともに、過大な景品類の提供を防ぐために景品類の最高額を制限しています。

2 優良誤認表示

景品表示法では、自社の商品やサービスの品質を実際の物より著しく優良であると示したり、事実に反して競合他社の商品より自社の商品が著しく優良であるとお客さまに誤解させたりする表示を、優良誤認表示として禁止しています。

優良誤認表示に当たる例としては、①実際にはただの国産牛肉であるにもかかわらず、「国産有名ブランド牛肉」であるかのように表示するもの、②実際には10万km走行した中古車であるにもかかわらず、「走行距離3万km」と表示するもの、③コピー用紙の原材料に用いられた古紙は50%程度であるにもかかわらず、「古紙100%」であるかのように表示するもの、などが挙げられます。

優良誤認表示に当たるか否かの判断基準としては、商品の性質、一般消費者の知識水準、取引の実態、表示の方法、表示の対象となる内容などをもとに、表示全体から判断されます。

3 違反した場合

優良誤認表示違反をした場合は、公正取引委員会や消費者庁、都道府県知事が連携して調査等を行い、違反行為の差止めや、場合によっては課徴金の納付が命じられます。

⓪2 Z社の商品はうそだらけ

　さて、H君の勤めているZ社のシチューの広告文句はウソだらけ
です。シチューに使っている食材の産地や、一流レストランのシェ
フが監修しているなど、原産地や製品の考案者を偽っている場合は、
優良誤認と認定されます。

　したがって、こういった表示をやめるよう、排除命令等がZ社に
なされることになると思われます。

⓪3 業界ごとに規約があります

　さて、Z社は食品会社でしたが、製品はさまざまな業界で作られ
ており、広告上、さまざまな表現があるでしょう。しかし法律では
詳細に規定できないため、公正競争規約の制度を設けています。

　公正競争規約とは、公正取引委員会や消費者庁長官の認定を受け
て、事業者や事業者団体が、表示または景品類について自主的に設
定する業界のルールです。

　公正競争規約は約100規約あり、食品では、飲用乳、チーズ等、
アイスクリーム類・氷菓、乳酸菌飲料、果実飲料等、コーヒー等、
缶詰、ハム・ソーセージ類、食肉、即席めん、包装食パン、鶏卵、
みそ、しょうゆ、食用塩、観光土産品、チョコレート類などがあり
ます。お酒では、ビール、ウイスキー、泡盛など、家電・家庭用品
等では、ペットフード、家庭電気製品製造業、家庭電気製品小売業、
眼鏡類、スポーツ用品など、化粧品等では、防虫剤、化粧品、歯み
がき類、家庭用合成洗剤・石けんなどがあります。そのほか、募集
型企画旅行、自動車業、不動産、銀行業などもあり、それぞれにつ
いて細かな広告表現の規制があります。

　自社で取り扱う商品については、こうした規約を確認しながら、
キャッチコピーやＰＯＰ等を考えるのがよいでしょう。

確 認 問 題

〔問〕 **景品表示法により禁止されている表示として、適切でないもの
は次のうちどれですか。**

❶ 実際にはコピー用紙の原材料に用いられた古紙パルプの割合（古
紙配合率）が50％程度であるにもかかわらず、あたかも「古紙
100％」であるかのように表示するもの

❷ 不動産取引において、消費者を誘引する手段として、実在しない
住所・地番を掲載した物件についての表示

❸ パッケージに大きく外国であるＡ国の名前と国旗が表示されてい
るが、「国産」と明示されているもの

❶ は、選択肢の通り、優良誤認表示に当たる例として、景品表示法によ
り禁止されている表示であるといえます。よって、❶ は適切です。

❷ は、公正取引委員会の告示によって、その他誤認されるおそれのある
表示として指定されています。そのため、景品表示法により禁止されてい
る表示であるといえます。よって、❷ は適切です。

❸ について、景品表示法上、商品の原産国の不当表示が禁止されていま
すが、国産の商品の場合でも同様です。商品に原産国が明示されていない
など、原産国を判別することが困難な場合には、商品に、①外国の国名や
地名、国旗などの表示、②外国の会社の名称や外国人デザイナーの氏名、
商標の表示、③文字の表示の全部または主要部分が外国の文字で示されて
いる表示などがあると不当表示とされます。こうした表示がある場合は、「国
産」「日本製」といった表示をして、国産品であることを明示しなければな
りません。パッケージに大きく外国であるＡ国の名前と国旗が表示されてい
るが、「国産」と明示されていれば、不当な表示には該当しません。よって、
❸ は不適切です。 **正解 ❸**

21

芸能人の㊙情報あげ！ オレの SNSバズりそう！

事例

　X社のイメージキャラクターをしている有名俳優S氏の広告契約の更新のために、広報担当のA君がS氏の事務所に行って打合せをしていたところ、S氏には女優Tさんとの間に隠し子がおり、S氏の妻がそれを知って裁判沙汰になっているということを知りました。

　A君はワイドショーに先立って情報を公開すれば、自分のSNSの閲覧者が増えると思い、S氏に隠し子がいたこと等の事実をSNSに投稿しました。

人の秘密を暴露したらダメなのはわかるよね…？
芸能人であっても同様じゃぞ。

01　芸能人にもプライベートな情報はある！

　A君は、芸能人S氏の極秘情報を自分のSNSに投稿しました。これは問題がある行為ということは、個人情報保護の上で問題がありそうです。しかし、芸能人には私生活はなく、有名税でしょ？と考える人もいるようですが……？

　いえいえ、芸能人であっても一般の人と同じように、個人情報は守られなければなりません。ワイドショーや週刊誌などに出てくるプライベートな情報は、本人や事務所等が話し合いをして、納得したうえでの公表でなければならないと考えてください。

　なお、個人の財産や相続で親族関連の情報が集まりやすい金融機関において個人情報の漏えい等の事故が発生した場合には、①監督

当局にただちに報告すること、②二次被害の防止、類似事案の発生回避の観点から、漏えい事案等の事実関係および再発防止策等を早急に公表すること、③漏えい事案等の対象となった本人に速やかに漏えい事案等の事実関係等の通知を行うこと、という３つの措置が、金融庁のガイドライン上、要求されています。

02 SNSやネットの怖さ

今やＳＮＳやインターネットはわれわれの生活に密着したものといっても過言ではなく、特に有名人に関する情報をはじめとして、周囲からの大きな反響が予想される話題については投稿したい気持ちが強くなりがちなのではないでしょうか。しかし、インターネット上に一度でも書き込んだら、インターネット上に公開された情報はコピー等により拡散してしまうことも考えられ、それを完全に削除することは困難となるおそれがあります。そうなれば、半永久的に、全世界から閲覧可能なインターネット上に残るうえ、第三者からも容易に閲覧・検索される状態になります。そして、匿名で書き込んだとしても、さまざまな情報をつなぎ合わせることで、所属組織や交友関係などを含め容易に推測されてしまいます。

つまり、ＳＮＳに不用意に情報を掲載すると、取り返しのつかな

い事態に陥る可能性がある、ということです。

03 匿名掲示板でも問題になるか

　ＳＮＳのほか、ネット上に匿名で書き込める掲示板は数多くあります。こういった匿名掲示板においても、不適切な書き込みをした場合、名誉毀損罪や業務妨害罪などの刑事上の責任を負う可能性があります。

　また、プロバイダ責任制限法（特定電気通信役務提供者の損害賠償責任の制限及び発信者情報の開示に関する法律）は、インターネット上の違法・有害な情報に対して、プロバイダに情報の発信者の開示を請求できる法律です。

　違法・有害な情報とは、たとえば権利侵害情報（名誉毀損）、海賊版サイト（著作権侵害）、公序良俗に反する情報（死体の画像や自殺サイト）、青少年に有害な情報（アダルトサイト、児童ポルノ、出会い系サイト）などをいいます。

　これらの情報が書き込まれた場合、プロバイダ責任制限法に基づいて、被害者がプロバイダに開示請求を求め、書き込んだ人を特定して、損害賠償請求をすることが可能となります。

04 まとめ

　個人情報の漏えいリスクはＳＮＳなどへの投稿だけに限られません。実際に企業から個人情報が漏えいして問題となった事例としては、従業員が個人情報を保存したＵＳＢメモリを持ち出して紛失してしまった例や、アドレスリストを記載したファイルを添付したメールを誤送信してしまった例などがあります。

　こういった情報漏えいについては、外部からのサイバー攻撃だけではなく、情報の適正な保持者がうっかりやって漏らしてしまうことも多いようですので、情報の取扱いには十分注意しましょう。

確 認 問 題

〔問〕 **個人情報の保護に関する考え方として、適切なものは次のうち どれですか。**

❶ 芸能人など有名人の個人情報といった公知の事実である情報は、 原則として個人情報保護法では保護されない。

❷ 死んだ人の情報は、原則として個人情報保護法では保護されない。

❸ 「yamadataro@ekkususya.co.jp」のように、X社の山田太郎さ んのメールアドレスであることがわかるような情報であっても、 これだけでは個人情報保護法では保護されない。

　個人情報保護法は、個人の権利・利益を保護するために、個人情報を取り 扱う事業者の義務を定め、事業者を規制するための諸規定を設けています。

　個人情報保護法で保護される「個人情報」とは、生存する個人に関する 情報であって、氏名や生年月日等により特定の個人を識別することができ るものをいいますので、芸能人など有名人の情報であっても「個人情報」 に該当し、個人情報保護法により保護されます。よって、❶ は不適切です。

　一方で、「個人情報」は生存する個人に関する情報であるため、死んだ人 の情報は、個人情報保護法では保護されません。よって、❷ は適切です。

　「個人に関する情報」とは、氏名、住所、性別、生年月日、顔画像など個 人を識別する情報だけに限られません。個人の身体や財産、職種、肩書等 の属性に関して、事実・判断・評価を表すすべての情報であり、評価情報、 公刊物などによって公にされている情報や、映像、音声による情報なども 含まれます。暗号化などによって秘匿化されているかどうかを問いません。 メールアドレスであっても、山田太郎という人がX社に勤めている、という 事実がわかるのであれば、個人情報に該当し、個人情報保護法で保護され ることになります。よって、❸ は不適切です。　　　　　　　**正解 ❷**

22

営業は地道にビラ配りから？

事例　B子さんは、自分の担当の営業地域が変わったため、どのように販売していくかを考えていたところ、自分の担当する地域には大規模マンションが多く立ち並んでいるので、チラシを作ってポスティングし、認知してもらった後で訪問してセールスをすることにしました。

　マンションの多くは、入口に「チラシお断り」という張り紙が貼ってあり、住人用のキーがないと入れないのですが、出入りする住人が入口を開けたタイミングに入り込むという手段で、敷地内の共用部分にある郵便受けにポスティングをし続けました。

01 B子さんが犯した罪

　B子さんは、「チラシお断り」との張り紙があるマンションの敷地に、ポスティングをする目的で侵入してチラシをポスティングしています。

　結論としては、「ポスティング禁止」などの張り紙がしてある一軒家やマンションにポスティングを行った場合には、住居侵入罪、あるいは、軽犯罪法（事例08）でも解説した田畑等侵入の罪（田畑のほか、入ることを禁じられた場所に入ること）に問われる可能性があります。また、各地方自治体の条例により規制がされている場合もあります。なお、「立入禁止」などの張り紙を勝手にはがすことは、軽犯罪法の「はり札、標示物除去等の罪」にあたります。

　ビラ配りやポスティングをするにあたって「立入禁止」などの張り紙があるのに中に入ったような場合は、敷地に無断で入ったことのほか、たとえばデリバリー風俗のチラシをポスティングしたと

いったような場合には、チラシの内容自体が違法となる可能性があります。ですから、ポスティング自体は合法でも、それに付随して違法となるおそれがあります。

02 住居侵入罪とは

住居侵入罪は、「正当な理由なく、他人の住居や建物、敷地などに侵入したり、退去の要求を無視して居座る者に、3年以下の懲役または10万円以下の罰金を科す」とする刑法130条により定められています。住居侵入罪における「住居」の定義については、「共用部分も、居室部分と程度の差こそあれ、なお私的領域としての性質を備えていることは否定できない」としたうえで、ビラ配りのために立ち入ったマンション共用部分も、刑法130条にいう「住居」に当たることを認めた判例があります。

また、事例では、B子さんはチラシを作ってポスティングし、認知してもらった後で訪問し、セールスをすることにしています。訪問をして退去をせずに販売したものは取り消されることがありますが（事例17）、そもそも、要望もないのにセールスに行くと、住居侵入罪になり得ますし、もう帰ってほしいと言われても居座り続けると、不退去罪に問われかねません。

03 まとめ

本件のように、自らポスティングを行う場合に住居侵入罪等にあたらないようにすることはもちろんですが、業者に任せるような場合でも、ポスティングに関するマニュアルがしっかり作られている業者を選ぶべきでしょう。あるいは、郵便でダイレクトメールを送るのがいいと思います。

確 認 問 題

〔問〕 飛び込み営業をしているＡさんの行為に関する記述について、適切なものは次のうちどれですか。

❶ 「セールスお断り」と張り紙のある家の敷地にセールス目的で入ったが、家人に断られるまでは、刑法上の住居侵入罪に該当しない。

❷ 玄関で商品の説明をしていて、説明の途中で家主にもう帰ってほしいと言われたが、「もう少しですから」と言って30分以上にわたり説明を続けた場合、刑法上の不退去罪に該当する。

❸ 「セールスお断り」と張り紙のあるマンションの共用部分に、商品のチラシを住人の郵便受けに投函するために入った場合、刑法上の住居侵入罪に該当しない。

　「セールスお断り」と張り紙のある家の敷地に入った場合、住人の意思に反する「住居」への「侵入」となるため、住居侵入罪の構成要件に該当します。よって、❶ は不適切です。

　不退去罪は、住居侵入罪と異なり、適法または過失により立ち入った場合に限り成立します。また、退去の要求を受けたら直ちに成立するものではなく、退去するために合理的な時間（荷物の整理、片付けの時間）が経過してはじめて成立します。本件では帰って欲しいと言われたにもかかわらず30分以上にわたり説明を続けているため、不退去罪の構成要件に該当します。よって、❷ は適切です。

　裁判例は、ビラ配りのために立ち入ったマンション共用部分も、刑法130条にいう「住居」に当たるとしています。したがって、集合住宅の共用部分に立ち入る行為も、「住居」に対する「侵入」にあたるため、住居侵入罪の構成要件に該当します。よって、❸ は不適切です。

正解 ❷

138

23 社用車に乗ってドライブへ！

事故の責任

事例

B子さんは運転免許を持っていないため、隣県にある得意先の事業所に向かう際、C課長は、運転がうまいD君を運転手として連れて行くように指示しました。

帰りは夜になったため、直帰する予定のB子さんを家の近くで降ろし、会社の了解を得ていたので、D君はそのまま運転して家に帰りました。しかし、その週末の休日に、勝手にその営業車を使ってドライブに出かけ、別の車にぶつけて事故を起こしてしまいました。

D君は預かった車で勝手にドライブをしておるのう。
事故の責任はどうなるのかのう。

01 問題となるのは何か

このケースは、お客さまに対する直接的なコンプライアンス違反ではありませんが、お客さまのところに行くために起こり得るコンプライアンス違反の分類として、ここで解説をします。

事例では、D君が営業車を休日に勝手に使って事故を起こしています。このことについて、D君の行為はどのような意味を持つのか、また、車は会社のものですので、D君だけでなく、会社も被害者に対して責任を負うのか、といった点が問題となります。

(02) 社用車で事故ったらどうなるか

　さて、Ｄ君は遅くなるので社用車を運転して帰ったところまでは問題はありませんが、その後の行動に問題があります。

■ 休日に勝手に社用車を使ったら？

　会社は、帰りが遅くなるために一時的に社用車に乗って帰る許可を出しているので、これは一時的な通勤のために認めているにすぎません。それ以外の用途で乗車をすることを許可しているわけではなく、休日に社用車を私的に使用したことは、就業規則違反にあたる可能性があるでしょう。

　次に、悪質な場合は、会社が業務上横領罪として告訴する可能性があります。業務上横領罪は、すでに事例07で解説していますが、他人の物（本件でいう会社の車）を預かっている者がその物を横領した（委託の趣旨に反して、所有者でなければできない行為をした）場合に成立し、10年以下の懲役が科されるというものです。

　参考となる裁判例として、衣類を受け取るために、友人から自動車を借りたものの、衣類を受け取った後もそのままドライブ等をしていた者に、単純横領罪の成立を認めた事例があります。車の使用を許可されて預けられた場合であっても、その目的以外のことに使

えば横領罪に当たり得るということです。

2 事故を起こした責任は？

　D君は、休日に社用車に乗って事故を起こしています。この責任は、当然D君が負いますが、会社に責任はないのでしょうか。第1章の2で、使用者責任について解説しましたが、会社の車だとはいえ、休日に業務外で起こした使用者の事故についてまで、会社は責任を負うことになるのでしょうか。

　結論からいいますと、被害者に対して会社が責任を負うことがあります。判例では、従業員が業務外で運転していたとしても、客観的、外形的に判断して、会社の業務として運転していると判断できれば、会社の業務と認められて、会社も責任を負う可能性があるとしています。そして、その後は会社とその従業員との間の求償の問題となります。

03 まとめ

　業務においては、社用車に乗ることがあると思います。とくに頻繁に乗る場合は、多少、私用で使ってしまうこともあるかもしれません。

　しかしそれは、上記のように会社の就業規則違反になり得ますし、事故を起こした場合には、会社にも迷惑がかかることになります。

3 商品・製品に関するコンプライアンス

　ここでは、商品・製品に関するコンプライアンスについてみていきます。問題として考えられるのは、次のようなケースです。
①商品・製品やサービス等が行き届いておらず、クレームが来る。
②商品・製品に欠陥がある、サービスに不備があり、契約した内容が満たされていない。
③商品・製品の欠陥によりケガや損害が生じた、サービスが悪く、ケガや損害が生じた。

(1)　商品・製品やサービス等が行き届いていない

　お客さまには具体的な損害は出ていないけれども、不快になった等のクレームが来るような内容です。コンプライアンスというよりは、ホスピタリティの問題と考えられるため、本書では扱いません。しかし、この点を軽視すると、インターネットで悪評が流れたりして、売上などにも影響してくるので気をつけるべきです。

(2)　商品・製品、サービスが、契約の要件を満たさない

　たとえば布のマスクを買ったらカビが生えていた、食料品を買ったら虫が入っていたなど、お金を支払って商品・製品を買ったりサービスの代金を支払ったのに、壊れていたり不備があって、お金を出した意味がなくなるような場合です。
　このような場合は、基本的には「債務不履行」になります。債務不履行には、次のような種類があります。
①約束の期限に遅れること（履行延滞）
②商品が壊れるなどして商品やサービスが提供できないこと（履行不能）

③ 100個買ったはずが95個しかなかったような場合（不完全履行）

　債務不履行があった場合は、契約を解除してお金を返したり、足りなかった分はその分を引き渡さなければなりません。また、債務不履行によりお客さまに損害が出れば、その損害を賠償しなければなりません。

　商品や製品、サービスをお客さまに提供する場合は、不備のない商品やサービスを提供することを心がけましょう。

(3)　商品やサービスに不備があり、お客さまに損害が出た場合

　商品・製品に欠陥があり、その欠陥によってお客さまに損害が出た場合は、民法上の債務不履行責任、不法行為責任や製造物責任法による責任を負うことになります。この内容は、事例24でみていきます。

　また、サービスに不備があって損害が出たケースとは、たとえば、レストランで食中毒を出した、お金を預けたらなくなった等ですが、基本的には民法上の債務不履行責任、不法行為責任の問題となります。社会には多様なサービスがありますので、それぞれの会社が行うサービス等を規律する業法（特定の業種の営業の自由を制限する内容の法律）によって、これらの場合の対応が規定されていることもあります。とても幅広い内容ですので、サービスによる不備の場合も、本書では省略いたします。

　それでは、次の事例で、詳しくみていきましょう。

3　商品・製品に関するコンプライアンス ≫≫≫≫≫≫≫≫≫≫≫≫≫≫≫≫≫≫

事例24　「輸入した商品でケガ？」（製造物責任）

輸入した商品でケガ？

製造物責任

事例 X社では、教材のほかに各種文房具も取り扱っており、海外からおしゃれな文具なども輸入して、販売会社に卸しています。ある日、C課長のもとに、卸先である販売会社の担当者から電話がかかってきました。「X社さんの商品でお客さまが手に大ケガをした。被害者は、うちとX社さんに対して損害賠償を請求しようとしているようだ」という内容でした。

当社は商品を輸入しているだけで製造したわけではないから、責任を負う立場にはないと思うが……

　お客さまがケガをしたという商品は、X社が輸入して販売会社に卸したものですが、その商品を購入したお客さまが損害を受けた場合、C課長が言うように、X社は責任を負わないのでしょうか。今までに学んだ不法行為責任の理論では、不法行為をした人に故意や過失があることが要件となり、その立証は被害者がすることになります。事例のように海外で作った商品に欠陥があった場合、被害者が責任を追及することが難しくなり、このままでは被害者は泣き寝入りを余儀なくされます。製造物責任法では、このような場合に被害者を救済することができます。

01 製造物責任法はこんな法律

1 製造物責任法の概要

　不法行為責任を問う場合、欠陥品がミス等により作られたことを

被害者が立証しなければなりませんが、製造物責任法は、製造物の欠陥が原因で生命や身体、財産に損害を被った場合に、製造業者や輸入業者等に対して、故意・過失の有無にかかわらず損害賠償を求めることができることを規定しています。

❷ 誰がこの法律によって保護されるの？

製造物を直接使用・消費する者はもちろん、直接使用・消費していない第三者であっても、製造物の欠陥により損害を被る可能性があるので、保護の対象となります。

❸ この法律における製造物とは？

製造物責任法における「製造物」とは、①有体物（形があるもの）であること、②動産（民法上の不動産以外の有体物）であること、③製造または加工された動産であること、といった要件を満たすものをいいます。電気や熱などの無形のエネルギーやソフトウェア、サービスなどは有体物ではないので含まれません。

❹ 欠陥とはどういうことをいうの？

「欠陥」とは、製造物の特性、その通常予見される使用形態、その製造業者が当該製造物を引き渡した時期その他の当該製造物にかかる事情を考慮して、当該製造物が通常有すべき安全性を欠いていることをいいます。安全性に無関係な品質や性能の瑕疵（欠陥）は含まれません。

一般に、欠陥には次の３つの類型があります。

１つ目は、製造上の欠陥です。これは、適切な組立て・加工が行われなかったり、品質の劣る原材料を使ったりして、製造物が設計や仕様どおりに製造されなかった場合です。

２つ目は、設計上の欠陥です。設計の段階で問題があった結果、安全性を欠いた場合です。

３つ目は、指示・警告上の欠陥です。使い方次第で製造物に一定の危険性があるにもかかわらず、それを使用する消費者に対して、事故を避けるための適切な指示や警告を与えなかった場合がこれにあたります。

製造物に欠陥があるかどうかは、製造業者が、その製造物を引き渡した時点で判断されます。

5 損害の範囲

製造物責任法が保護するのは、人の生命・身体または財産です。欠陥製品によって、これらの損害が発生した場合に、製造業者が損害賠償責任を負うことになります。

一方、損害が、その製造物についてのみ生じたとき（単に壊れたなど）は、製造物責任法の保護の対象とはなりません。

02 製造物責任法は、製造者以外にも適用される

製造物責任を負う「製造業者」には、Ｘ社のように海外から輸入した者も含まれます。海外の製造業者に対して、被害者が直接責任を追及することが困難であることなどがその理由です。

そのほか、実際に製造しなくても、製造物に製造業者として商号や商標を表示した者、製造業者と誤認させるような表示をした者、諸事情から判断して実質的な製造業者と認められる表示をした者も責任を負うことになります。なお、上記に該当しない単なる販売業者は製造物責任を負いません。

確 認 問 題

〔問〕 Ｙ社の製造物が原因で消費者に損害が発生しました。その製造物の製造過程における事情をＹ社が証明した場合に、Ｙ社が製造物責任を免責される事情として、適切でないものは次のうちどれですか。

❶ Ｙ社が製造物を販売先に引き渡した時点における科学または技術に関する知見によっては、欠陥を認識できなかったこと

❷ Ｙ社の製造物が部品としてＺ社の製品の一部に組み込まれている場合、その欠陥がもっぱらＺ社の設計の指示にしたがったことによって発生し、かつ、その欠陥が発生したことについてＹ社に過失がないこと

❸ Ｙ社の製造物の一部に組み込んだＷ社製の部品が原因で欠陥が生じたこと

製造物責任法は、2つの免責事由を定めています。

1つは、❶のような場合で、いわゆる開発危険の抗弁と呼ばれるものです。これは、製造業者に開発危険の責任まで負わせてしまうと、研究や技術開発が阻害されて、ひいては消費者の利益を損なってしまうことから定められた免責事由です。よって、❶は適切です。

もう1つは、❷のような場合で、いわゆる部品・原材料製造業者の抗弁と呼ばれるものです。このような場合にまで部品・原材料製造業者に責任を負わせるのは公平性を欠くことから、免責事由として定められています。よって、❷は適切です。

一方、❸については、Ｙ社はＷ社に対して責任を追及できるものの、Ｙ社自身は、消費者に対して製造物責任を負うことになります。よって、❸は不適切です。　　　　　　　　　　　　　　　　　　**正解　❸**

❶　下請法（下請代金支払遅延等防止法）
❷　不正競争防止法・その他

　本章では、取引先に対するコンプライアンスについてみていきます。

　取引先とは、仕入先や納入先をいいますが、本書では、競合他社（ライバル会社）なども含めて考えていきます。取引先の中でも、仕入先については、取引停止をちらつかせたりして無理なお願いをしてしまうこともありそうです。仕入先等に対する無茶な要求は、下請法（下請代金支払遅延等防止法）で禁止されています。

　また、競合他社に対しては、人気商品を真似したりする行為などが不正競争防止法によって禁止されています。そのほか、優秀な従業員の引き抜きなどが問題になることもあります。

1. 下請法（下請代金支払遅延等防止法）

(1) 下請法の概要

　下請法では、仕事を委託する会社を親事業者、仕事を引き受ける会社を下請事業者としていますので、本書もそれにならって解説します。

　契約は、通常、お金を支払い、それに対して商品やサービスを提供するなど、対等の立場で行うものです。しかし、商品やサービスを提供する下請事業者側が、唯一無二の商品やサービスを提供できるわけではないことが多く、お金を支払う親事業者側が無理な値引きや余分なサービスの提供などを要求して、「嫌なら他の会社に頼

むからいいよ」といわれると、下請事業者は要求をのむしかありません。実際、あなたの会社の周りでもそのような理不尽な要求がまかり通っているかもしれません。このような理不尽な要求を禁止しているのが下請法です。

(2) 本書における下請法解説の留意点

　さて、下請法には、親事業者や下請事業者に該当するかどうかについて、資本金の額がいくらかなどの一定の要件があり、一定規模の会社が一定規模以下の会社に対する行為を禁止しています。

　下請法が適用される委託取引の内容も、物品の製造、物品の修理、プログラムの作成、運送、物品の倉庫保管、情報処理、ビルや機械のメンテナンス、コールセンター業務など多岐にわたるうえ、資本金の要件が絡みます。

　親事業者が下請事業者に対してどのような行為をすることが禁止されているのか、また、親事業者が取引をする際にどのような事項を守らなければならないのかについても事例で確認しましょう。

　なお、事例は、法律が適用されるかどうかを確認するためのものですから、資本金要件などは満たされているものと考えてください。

> ### 1.　下請法（下請代金支払遅延等防止法）〉〉〉〉〉〉〉〉〉〉〉〉〉〉〉〉〉〉〉〉〉〉〉〉
>
> 事例25　「下請けいじめ、ダメ、ゼッタイ」（親事業者の禁止行為①）
> 事例26　「魚心あれば水心？」（親事業者の禁止行為②）
> 事例27　「喫茶店のように『いつもの』とはいきません」
> 　　　　　　　　　　　　　　　　　　　　　　　　（親事業者の義務）

25 下請けいじめ、ダメ、ゼッタイ

親事業者の禁止行為①

事例

X社のC課長は、年末商戦での売上増を期待して、下請事業者であるY社に対し、商品300点を追加で発注しました。しかし、実際の売上は予想を大幅に下回り、在庫に余剰が発生しました。そのためC課長は、Y社に対し一方的に追加の発注をキャンセルして商品の受領を拒否しました。

契約自由の原則だろ?商品を返せばお金を払う必要はないよね?

　C課長は、Y社には責任がないのに、発注した物品等の受領を一方的に拒否しています。これは下請法（●頁参照）の親事業者の禁止行為に該当します。

01 親事業者の禁止行為とは

　親事業者が下請事業者に対して禁止されている行為には11項目あり（●頁の表を参照）、親事業者が、下請事業者にしてしまいがちな行為を類型化しています。「受領拒否」「下請代金の支払遅延」「下請代金の減額」…。●頁の表の概要の説明でおおよそのイメージはつくと思いますが、いくつかの事項について補足します。

1 買いたたきとは

　下請代金の額を低く定めることを「買いたたき」といいます。具体的には、下請事業者が、その地域で通常1,000円で売っている（卸している）のに、親事業者が十分に協議をせずに500円にさせる

ようなことをいいます。

　一律に一定比率で単価を引き下げて下請代金の額を定めたり、100個などまとまった商品の単価で、10個しか発注しないといった行為も、買いたたきにあたり得ます。

2 下請代金の減額とは

　買いたたきは発注時点の金額を低く設定することをいいますが、下請代金の減額とは、支払段階で、あらかじめ決められていたはずの支払代金を一方的に減額することです。

　その際、「協賛金」や「キャンペーン費用」の徴収など、適当な名目をつけたとしてもいけません。また、代金の振込手数料を下請事業者に負担させることや消費税分を支払わないこともこれにあたります。実は、公正取引委員会による勧告や公表で一番多いのが、この類型です。

02 C課長の行為は下請けいじめにあたるか

　C課長（X社）は、Y社に責任がないのに、発注した物品等の受領を一方的に拒否しています。これは、親事業者の禁止行為の「受領拒否」にあたり、下請法違反（下請けいじめ）にあたります。

まとめ

受領拒否に限らず、禁止行為に違反した場合は、公正取引委員会から違反行為の差止請求や、立入検査、会社名の公表などの行政処分が下されることになります。

日ごろから接している取引先は、ビジネスの相手であって、何でもいうことを聞く便利屋さんではありません。対等の立場できちんと契約のルールを守り、Win-Win の（両者が得をする）関係になるように取引をするべきでしょう。

● **親事業者の禁止行為**

禁止事項	概　要
受領拒否	注文した物品等の受領を拒むこと。
下請代金の支払遅延	下請代金を受領後 60 日以内に定められた支払期日までに支払わないこと。
下請代金の減額	あらかじめ定めた下請代金を減額すること。
返　品	受け取った物を返品すること。
買いたたき	類似品等の価格または市価に比べて著しく低い下請代金を不当に定めること。
購入・利用の強制	親事業者が指定する物・役務を強制的に購入・利用させること。
報復措置	下請事業者が親事業者の不公正な行為を公正取引委員会等に知らせたことを理由として、下請事業者に対して、取引停止等の不利益な取扱いをすること。
有償支給原材料等の対価の早期決済	有償で支給した原材料等の対価を、当該原材料等を用いた給付に係る下請代金の支払期日より早い時期に相殺したり支払わせたりすること。
割引困難な手形の交付	一般の金融機関で割引を受けることが困難であると認められる手形を交付すること。
不当な経済上の利益の提供要請	下請事業者から金銭、労務の提供等をさせること。
不当な給付内容の変更および不当なやり直し	費用を負担せずに注文内容を変更し、または受領後にやり直しをさせること。

出所：公正取引委員会ホームページ「親事業者の禁止行為」より作成

確 認 問 題

〔問〕 X社(親事業者)がY社(下請事業者)に対してした下請法が適用される取引に関する記述について、適切なものは次のうちどれですか。

❶ X社は、Y社と合意がなくても、下請代金の振込の際に振込手数料を差し引いて下請代金を支払うことができる。

❷ 支払日が金融機関の休業日に当たっている場合、X社は、Y社の同意を得ずに翌営業日に支払期日を延ばすことができる。

❸ X社は、Y社に対して、X社主催の販売会のスタッフとして人を派遣させたり、協賛金を募ったりするなどの行為をしてはならない。

　下請法では、下請事業者に責任がないのに下請代金を減額することを禁止しています。発注時に決めた下請代金から何の理由もなく振込手数料を差し引けば、下請事業者は差し引かれた後の下請代金しか受け取れなくなるのですから、実質的には下請代金の減額を行ったことになります。よって、❶ は不適切です。

　下請法は、支払遅延の禁止を定めています。親事業者が商品等を受け取った日から60日以内で定められた支払期日までに、下請代金を全額支払わなければなりません。支払日が金融機関の休業日だからといって、勝手に支払を遅らせたような場合には、支払遅延にあたります。よって、❷ は不適切です。

　本文のとおり、不当な経済上の利益の提供要請にあたるため、下請法違反となります。したがって、❸ は適切です。　　　　　　**正解　❸**

26 魚心あれば水心？

親事業者の禁止行為②

事例 X社のC課長は、プライベートブランド商品の製造を委託していた下請事業者であるY社の社長に、X社のお店の営業の手伝いとして従業員を派遣するようにお願いしました。また、その際に自社の商品を100個購入することもお願いしました。

Y社の社長は、今後も取引を続けてもらえるなら、と快諾してくれました。

Y社の社長も快く応じてくれているし、下請けいじめなんていわせないぞ!?

さて、C課長はまたまた下請事業者にお願いごとをしています。でもY社の社長は取引の継続ができるなら、とその要請を快く引き受けています。これは、下請けいじめにあたるのでしょうか。

01 Y社の社長に水心（下心?）があっても…

1 C課長の行為の違法性

C課長の適正な対価を支払わない従業員の派遣要請は、親事業者のためにお金や役務、その他の経済上の利益を提供させる「不当な経済上の利益の提供要請」に該当します。また、商品を購入させることは、「購入・利用の強制」に該当します。つまり、C課長は下請法違反の行為をしていることになります。

2 Y社の社長が快諾しているが…?

C課長の行為は下請法違反になりますが、Y社の社長は（下心も

あり）快く応じており、「不当な」要請にあたるのでしょうか。

この点について、下請事業者の了解を得ていたとしても、また、親事業者に違法性の認識がなくても、下請法で親事業者に課せられている 11 項目の禁止事項（●頁参照）を行った場合には、下請法に違反することになります。

そのため、Y社の社長は快く応じていたとしても、下請法違反に該当します。

⑫ 「不当な経済上の利益の提供要請」の具体例

「不当な経済上の利益の提供要請」に該当し、下請法違反とされた事例には、従業員派遣の要請のほかにも、以下のようなものがあります。

❶ 協賛金の提供

親事業者のイベント等に協賛金を支払わせることも、不当な経済上の利益の提供要請にあたります。

❷ 物品の保管

親事業者が製品製造のために貸していた金型等を、長期間使わない予定であるのに、下請事業者に無償で保管させることなども、不

当な経済上の利益の提供要請にあたります。

❸ 返品等の費用負担

　親事業者が返品する際に、その費用を下請事業者に負担させることも、不当な経済上の利益の提供要請にあたります。

03 「購入・利用の強制」の具体例

　親事業者の商品を無理やり買わせたり、サービスを受けさせたりする「購入・利用の強制」には、以下のようなものがあります。

❶ 下請事業者に必要な商品やサービスは？

　保険やリース、プロバイダーなどのサービスのように、下請事業者に必要なものであったとしても、選択の余地をなくすような場合には、購入・利用の強制にあたります。

❷ 親事業者が指定した親事業者以外の商品やサービスの購入は？

　親事業者自身の商品やサービスでなくても、下請事業者が必要としないのに、親事業者が指定した会社の商品やサービスを買わせることも、購入・利用の強制にあたります。

04 まとめ

　禁止行為のなかには、自社の販売目標の達成等のために、日ごろから取引関係にあり、かつ比較的自社の要求をのんでくれやすい下請事業者に対して、ついつい要求してしまいかねない内容もあると思います。

　しかし、取引先が応じていたとしても、また、禁止行為であると自覚していなくても、下請法に違反し、行政処分や罰金の対象となることがあります。ですから、禁止事項はきっちり覚えて、下請事業者と適正な取引を行ってください。

確 認 問 題

〔問〕 X社（親事業者）とY社（下請事業者）における下請法に関する記述として、適切なものは次のうちどれですか。

❶ X社が下請法違反の行為をして、Y社がそれに同意をしていたとしても、下請法違反となる。

❷ X社がY社に商品を購入させたとしても、その商品がY社にとって必要な商品であれば、下請法違反とはならない。

❸ X社が、Y社に対してZ社の事務機器を購入させるようなことは、X社の利益を図るものではないから、下請法は適用されない。

　下請法で親事業者が禁止されている行為をした場合、下請事業者が同意をしていたとしても、また、親事業者に違法性の認識がなくても下請法違反になります。よって、❶ は適切です。

　親事業者の禁止行為として、「購入・利用の強制」がありますが、これは、下請事業者に必要な商品やサービスであっても、さまざまな会社の商品やサービスから下請事業者が選ぶ、選択の余地がなくなれば、「購入・利用の強制」にあたります。よって、❷ は不適切です。

　正当な理由がないのに、親事業者が指定する商品やサービスを強制して購入や利用させることは、「購入・利用の強制」にあたります。X社の商品でなくてもこれにあたりますので下請法に違反することになります。よって、❸ は不適切です。　　　　　　　　　　　　　　　**正解 ❶**

27 喫茶店のように「いつもの」とはいきません

親事業者の義務

X社のC課長は、下請事業者であるY社に電話をしています。

「あ、Y社さん？ いつもの商品、500個、10日くらいで持ってきてよ。よろしく。」

C課長のY社への注文は、いつもこんな感じです。

相手とはいつもツーカーで事故もないし。なにが問題かわからないよ。

　さて、C課長が下請事業者に商品を発注しているようです。下請けいじめではなさそうですが、このような発注方法に問題はないのでしょうか。

01 親事業者がやらなくてはならないこと

1 C課長の行為はどこがまずいのか

　契約はお互いの合意があれば成立する、とすでに説明しました。しかしこれは原則であって、親事業者と下請事業者との間では、この原則のままではまずいことになります。

　たとえば、親事業者の禁止行為のうち「下請代金の支払遅延」などについては、納期がいつであるのかはっきりさせておかないと、言った・言わないで、責任の所在がわからなくなります。

2 親事業者の義務

　そこで下請法上、親会社には、①発注書面を交付する義務、②支

払期日を定める義務、③取引記録の書類を作成・保存する義務、④
遅延利息を支払う義務、の４つの義務が課せられています。

02 C課長がやるべきこと

　さて、C課長が親事業者の立場で行うべきことは、上記で解説し
たとおりです。

　C課長は、電話で「いつもの商品500個」という発注の仕方を
していますが、何をどのくらい、いつまでに、ということをきちん
と書面にして発注しなければなりません。また、C課長は「10日
くらいで」としか言っていませんが、下請代金の支払期日も明確に
定めなければなりません。そのほか、取引記録の書類を作成・保存
しなくてはなりません。

　さらに、支払代金の支払が遅れた場合、遅延利息を支払う義務が
生じます。

03 まとめ

　ビジネスの現場では通常、契約をする場合は、誰が、何を、いつ
までに、どのようにして、それに対し、誰が、お金をいくら払う、
などといった取り決めをするはずです。しかし、下請事業者が相手
となると、なあなあで甘くなりがちです。相手が誰であってもこう
した当たり前のことをしっかり行うようにしましょう。

2 不正競争防止法・その他

　本章の1では、取引先との関係におけるコンプライアンス（下請法）についてみてきました。ここでは、取引先ではない競合会社（ライバル会社）などに対するコンプライアンス（不正競争防止法など）についてみていきます。

(1)　取引先や競合他社に対するコンプライアンス

　ライバル会社との関係は、日ごろから相手よりいい製品を開発したり、商品を仕入れたり、サービスを提供したりと、その業界を発展させていくような形で切磋琢磨していくのが望ましいといえます。

　一方で、ライバル会社を不法な手段で蹴落とすような行為をして、優位に立とうとすることもあります。

　ライバル会社が「Q」という名前のヒット商品を出したとしましょう。そして、同じようなパッケージで「O」という名前の商品を出した場合、「Q」と間違えて買ってしまう人がいるかもしれません。

　そのほか、「シャ○ル」や「プ○ダ」などの有名ファッションブランドの名前のお菓子を駄菓子屋などで売り出すような場合（いわゆる "フリーライド"）も、たとえ本物の「シャ○ル」や「プ○ダ」の商品ではないとわかったとしても、「シャ○ル」や「プ○ダ」のブランド価値を下げたり、ブランドイメージを利用した顧客誘引として不適切とされます。

　不正競争防止法では、これらのような不適切な行為を規制しています。

(2)　引き抜き（ヘッドハンティング）行為

　そのほか、取引業者やライバル会社など、他社の優秀な従業員を
ヘッドハンティング、つまり引き抜きをする行為も、場合によって
はコンプライアンス違反となります。

　引き抜かれた側にしてみれば、優秀な人材が引き抜かれるといっ
た人的損失だけにとどまらず、営業秘密や顧客情報が流出するおそ
れもあります。また、引き抜かれた従業員が顧客を持っていき、営
業活動に大きな影響を与えることも考えられます。

(3)　公正取引に関する行為

　また、不当な取引制限や私的独占、不公正な取引方法など、独占
禁止法によって規制される部分についても、守っていかなければな
りません。

(4)　その他

　上記以外にも、たとえば取引先等が上場企業で、画期的な新商品
の情報など株価が上がりそうな情報を事前に知ったうえで、自分も
しくは家族などにその会社の株を売買させて利益を得ようとするイ
ンサイダー取引行為や、取引先の従業員相手であってもセクシャル・
ハラスメント等が認められることがあるなど、さまざまな問題があ
ります。

　ここでは、以下の3つの項目を解説していきます。

2：　不正競争防止法・その他 ≫≫≫≫≫≫≫≫≫≫≫≫≫≫≫≫≫≫≫≫≫

事例28　「人気商品、ちょっとマネても大丈夫？」

（不正競争防止法）

事例29　「公共事業、うまくやりましょうや…」（公正取引）

事例30　「仲間になれば、世界の半分をやろう…」（引き抜き）

事例31　「取引先のお兄さんはコワい人だった…」（反社対応）

28 人気商品、ちょっとマネても大大夫？

不正競争防止法

事例

X社のC課長は、ライバル社のV社の新商品「Z」がヒットしているということで手に入れてみたところ、X社でもすぐに作れそうなものでした。また、商標登録や意匠登録もされていないようでした。

そこで、パッケージを似せて、ネーミングも「乙」として少し安く売り出したところ、本家の「Z」よりも売れるようになりました。

商標登録や意匠登録がされていなくても、不正競争防止法にひっかかる可能性があるんじゃ。

01 さて、何が悪いのか

知的財産の項（第1章6）で、商標や意匠の解説をしました。商標は文字や図形などのうち、商品やサービスに使われるもの、意匠は物の形や模様・色から美感を起こさせるものです。

事例の場合、商標法や意匠法に抵触するかどうかという点に関しては、そもそも登録をしていないため、問題はありません。しかし、そういった行為が許されるのもおかしいと思うでしょう。X社の行為は許されるものなのでしょうか？

結論からいうと、X社の行為は不正競争防止法で違反とされる、「周知表示混同惹起行為」に該当する可能性があります。

(02) 「周知表示混同惹起行為」とは

「シューチヒョージコンドージャッキコーイ」と読みます。舌を
かみそうですが、どのようなものか確認してみましょう。

周知表示混同惹起行為とは、他人の商品の表示として広く知られ
ているものと同じ、または類似の表示をするなど、他人の商品と混
同させるような表示をする行為をいいます。現実に混同が生じてい
ることは不要です。

X社では、V社の「Z」という商品に似せて「乙」という商品を
出し、パッケージも似せています。これは、周知表示混同惹起行為
に該当するでしょう。このとき、「Z」という商品が広く知られて
いる、という要件が必要となりますが、たとえ全国的に知られてい
なくても、一地方で知られていれば足りるとされています。

周知表示混同惹起行為を行った場合、個人には5年以下の懲役ま
たは500万円以下の罰金、会社には3億円以下の罰金が科されます。

(03) 「形態模倣商品の提供行為」など

このほかに、ビジネス上、ライバル会社等との関係で問題となり
得る行為として、①他人の商品形態を模倣した商品の提供、②信用
毀損行為などがあります。それぞれみていきましょう。

◼1 形態模倣商品の提供行為とは

　形態模倣商品の提供行為とは、他人の商品の形態を模倣した商品を売り出すなどの行為をいいます。たとえば、服やバッグなどのデザイン、バッグの内部の形状など、外観から真似ていることを認識できれば、広くこれにあたり得ます。

　こちらも、周知表示混同惹起行為と同じ罰則が科されます。

◼2 信用毀損行為とは

　信用毀損行為とは、競争関係にある他人の営業上の信用を害する虚偽の事実を告知したり、流布したりする行為をいいます。

　事例でいうと、Ｘ社とＶ社に共通の取引先や顧客について、Ｘ社の従業員が根拠なく、「Ｖ社はもうすぐ潰れますよ」といって取引先の不安をあおったり、「Ｖ社の商品は壊れやすい」などと顧客に告げて商品を買わせないようにしたりすることをいい、客観的な事実と異なっていれば足り、仮にその従業員が真実だと認識していたとしても、これにあたります。またこのような行為は、刑法の業務妨害罪等にあたる可能性があります。

(04) まとめ

　不正競争防止法で守られるなら、商標や意匠などは、わざわざお金と手間をかけて登録しなくてもいい、と思われるかもしれません。しかし、商標法の下では、広く知られていなくても登録をすれば守られますし、意匠法については、保護期間が25年（平成19年4月1日から令和2年3月31に出願されたものは20年、平成19年3月31日以前に出願されたものは15年）です。ちなみに、不正競争防止法では3年となっています。そのため、より確実に保護を受けるためには、商標や意匠としての登録は重要です。

確 認 問 題

〔問〕 **不正競争防止法上、X社が販売する商品等について、適切でないものは次のうちどれですか。**

❶ X社が販売するペットボトル飲料（お茶）のパッケージやネーミングが、全国的に知名度の高いY社のお茶と類似していても、Y社がパッケージやネーミングを商標登録していなければ問題ない。

❷ X社が、自社商品のお菓子類を販売する直営の小売店の名前として全国的に名前が知られている海外ファッションブランドの名前を付した場合、海外ファッションブランドではお菓子を取り扱っていないとしても問題となる。

❸ 競合他社のY社が、芸能人がデザインしたシャツを売り出したため、同じような形状や模様・色・光沢・質感のシャツをX社が売り出した場合、Y社が意匠法による登録をしていなかったとしても問題となる。

パッケージやネーミングが全国的に知名度の高いY社のお茶と類似したものを売り出す行為は、不正競争防止法上、混同惹起行為にあたるため、Y社がパッケージやネーミングを商標登録していなくても、問題となります。よって、❶ は不適切です。

また、シャ〇ルやプ〇ダなど、海外の有名ファッションブランドの名を冠したお菓子を販売することは、混同することはないにしろ、著名表示の冒用行為として、不正競争防止法上問題となります。よって、❷ は適切です。

Y社が出したシャツと同じような形状や模様・色・光沢・質感のシャツを売り出した場合、Y社が意匠法による登録をしていなかったとしても、形態模倣商品の提供行為として問題となります。よって、❸ は適切です。

正解 ❶

29 「それ、独禁法違反じゃない？」 「ドッキン！」

公正取引

事例

　X社のA君のお兄さんは建設会社の課長です。家でお団子を食べなが
ら、旅行に行く話をしていたのですが、A君のお兄さんは、「仕事が忙し
くなったのでいけない」と言うのです。

　話を聞くと、県内の４つの橋梁（橋）の公共工事においてそれぞれ入札
が行われて、A君のお兄さんの会社が一番大きな橋を担当することになっ
たということでした。そのころ、入札に参加した各社のお偉いさんが頻繁
に会社に来て打合せをしており、その他の橋は、入札をした他の３つの会
社がそれぞれ落札したとのことでした。

　A君は、なにか引っかかる感じがしました。

　入札談合の疑いがあるぞ。A君のお兄さんに教え
てあげないといかんのう。

　入札談合などは、「私的独占の禁止及び公正取引の確保に関する
法律」（独占禁止法）によって規制されています。

01 独占禁止法の守備範囲

　独占禁止法は、事業者や事業者の団体が、健全な経済競争を阻害
するような行為について規制しており、大きく①私的独占、②不公
正な取引方法、③不当な取引制限、④企業結合規制、の４つに分か
れています。①、②、③の内容について簡単にみていきます。

① 私的独占とは

他の事業者の事業活動の継続を困難にさせたり、新規参入を困難にさせること（排除）、または、他の事業者の意思決定を拘束し、従わせること（支配）により、一定の取引分野における競争を実質的に制限することを私的独占といいます。わかりやすくいうと、排除とは、たとえば競合他社が潰れるまで赤字覚悟で大安売りをする、自社の商品を定価で売らない店だけを差別して商品を卸さないことなどをいいます。支配とは、たとえば株を入手したり、役員を送り込んで自社に有利になるようコントロールすることをいいます。

② 不公正な取引方法とは

独占禁止法 19 条に「事業者は、不公正な取引方法を用いてはならない」と定められています。その内容はおおむね、取引拒絶、差別対価・差別取扱い、不当廉売・不当高価購入、不正な顧客誘引、抱き合わせ販売等、排他・拘束条件付取引、取引の相手方の役員選任への不当干渉、競争者に対する取引妨害・内部干渉となっています。

③ 不当な取引制限とは

不当な取引制限とは、他の事業者と共同して対価を決定するなどして一定の取引分野における競争を制限することで、カルテルなどがこれにあたります。カルテルとは、同業者で示し合わせて同品種の価格や流通する数量などをコントロールすることをいい、入札談合もこれにあたります。

⑫ 不公正な取引方法について

不公正な取引方法として挙げた項目を簡単に説明します。

・取引拒絶

企業が単独で、または同業者等と共同で、特定の取引先にだけ商品を卸さない、もしくは卸さないことを第三者に要請するなど、取

引を拒絶したり、取引の内容を制限したりすること等をいいます。

・差別対価・差別取扱い

　一定の取引先にだけ、価格またはそれ以外の取引条件を不当に不利な形にすることをいいます。

・不当廉売・不当高価購入

　競合他社を市場から排除するために、たとえば総販売原価を大幅に下回るような価格で商品を安売りしたり、競合他社を妨害する目的で市場価格を著しく上回る高い値段で購入して買い占め等をすることをいいます。

・不当な利益による顧客誘引

　虚偽・誇大な説明をして商品を買わせたりすることや、損失を補てんする条件をつけて取引をすることなどをいいます。

　同様の規定がある景品表示法では、消費者に対するものに限られていますが、独占禁止法では取引先などに対するものも含まれます。

・抱き合わせ販売等

　人気商品の販売の際に、不人気商品も一緒に買わせるなど、相手方の適正かつ自由な商品選択を阻害して他の商品を強制的に買わせることをいいます。

・排他・拘束条件付取引

　小売店に、自社の商品以外は取り扱わないことを約束させるなどして不当に競争相手の取引機会や流通経路を奪ったり、価格や販売地域、販売方法などを定めるなどして取引相手の事業活動を不当に拘束する条件をつけて取引をすることをいいます。

　そのほか、取引の相手方の役員選任への不当干渉、競争者に対する取引妨害・内部干渉があります。

⑶ 談合は不当な取引制限にあたります

　さて、A君のお兄さんの会社の話に戻ります。

公共事業に入札をした会社の上層部が頻繁に会っており、その結果、参加した会社がすべて受注した……。話し合って価格を調整して、みんなが受注できるように談合したのではないかと、疑われそうな状況です。

1 不当な取引制限の要件

独占禁止法2条6項では「不当な取引制限」とは、「事業者が、…（中略）…他の事業者と共同して対価を決定…（中略）…等相互にその事業活動を拘束…（中略）…することにより、公共の利益に反して、一定の取引分野における競争を実質的に制限することをいう」と定めています。

談合をするということは、事業者（建設会社）が、他の事業者（他の入札した会社）と共同して対価（落札価格）を決定し、相互にその事業活動を拘束（落札価格の調整）するということで、不当な取引制限に該当することになります。

2 不当な取引制限をしてしまったら

このように、事業者が不当な取引制限など、独占禁止法に違反するような行為をしてしまったらどうなるのでしょうか。

まず、公正取引委員会は、警告や注意をすることができるほか、排除措置命令によって違反行為を排除することができます。行政罰として、課徴金を課すこともできます。

また、違反行為には、事業者のほか担当者個人に刑事罰が科されることがあります。

そのほか、独占禁止法違反行為によって損害を受けた場合は、民法のほか独占禁止法上の損害賠償請求ができるほか、違法行為の差止請求をすることができます。

A君のお兄さん、独禁法に違反していたら、「ドッキン！」じゃごまかせませんよ。

⑭ 身近な独占禁止法違反事例

　事例のようにわかりやすいケースではなくとも、独占禁止法違反になる場合もあります。

　たとえば、建設会社甲社は、公共入札に参加する前に、同業の乙社から「今回は参加を見合わせてほしい」という連絡があったとします。乙社とは業務上協力関係にあったことから、今回は乙社の希望どおり入札に参加しないことにし、その結果、乙社が落札したというような場合はどうでしょうか。甲社は入札には参加していませんが、入札に参加しないことにより、乙社が落札できるように協力しているので、独占禁止法違反となるおそれがあります。

　また、入札談合は、民間会社の入札においても成立します。たとえば、毎年、甲社が仕事を依頼する際の入札に5社が参加しているとします。5社が毎年協議をして入札の単価を調整している場合、これも独占禁止法違反となるおそれがあります。

　このように、競業他社と連絡を取り合って無用な争いを避け、みんなが落札できるように協調を図る行為は、一見平和的で、各事業者の利益を最大化するうえで魅力的ではありますが、公正な競争が阻害され、独占禁止法違反になります。特に、古くからのその地域の業者や業界の慣行・ルールに従ったからといって、独占禁止法の適用が除外されるわけではありませんので注意すべきです。

⑮ まとめ

　企業が独占禁止法違反として摘発された場合、多大な財産的損害を受けるだけでなく、長年の努力によって築いてきた社会的評価を損なうことにもなりますので、とくにコンプライアンスを徹底させるべき分野の1つであるといえるでしょう。

確 認 問 題

〔問〕 **独占禁止法上、カルテルとしてＸ社の行為が問題となるものと して、適切でないものは次のうちどれですか。**

❶ 小売店のＸが、競合のＹと示し合わせて商品Ａの金額を高めに設 定して同じ金額で販売することは、カルテルとして禁止されている。

❷ Ｘ社が、競合する他社と共同で仕入や研究開発などをするような 行為はすべてカルテルにあたり、禁止されている。

❸ 家電メーカーのＸ社が、商品売れ残りのリスクを自ら負うことを 前提として、小売業者に対して家電製品Ａの販売価格を指示する ことは、独占禁止法上問題とならない。

「カルテル」とは、事業者または業界団体の構成事業者が相互に連絡を取 り合い、本来、各事業者が自主的に決めるべき商品の価格や販売・生産数 量などを共同で取り決める行為をいいます。本件のようなＸらの行為は、 カルテルにあたるため、独占禁止法違反となり、❶ は適切です。

競合する他社と共同で仕入や研究開発などをするような行為がすべて違 法な「カルテル」にあたるわけではありません。共同仕入等は非ハードコア・ カルテルとして違法とならないこともあります。したがって、❷ は不適切 です。

公正取引委員会の相談事例（平成28年度・事例1）によれば、このよう な行為は、独占禁止法上問題はないとされています。よって、❸ は適切です。

正解 ❷

30 仲間になれば、世界の半分を やろう…

引き抜き

事例 X社のC課長は、ある日の夜、たまたま居酒屋で競合他社のW社の担当者J君と会い、一緒に飲むことになりました。

C課長は、以前からJ君の高い能力を評価していて、「J君みたいな若者を待っているんだよ。X社に来ないか？　来れば、今の給料の３倍は出すぞ」と言ってX社に誘いました。

基本的には転職は個人の自由じゃが、一定の配慮は必要じゃ。

優秀な従業員が別の会社に引き抜かれた場合、引き抜かれた側の会社にしてみれば、優秀な人材の損失にとどまらず、営業秘密や個人情報が流出するおそれもあります。また、その従業員が持っていた顧客なども奪われ、営業に大きな影響を与えることも考えられます。

しかし、日本国憲法では職業選択の自由が保障されており、転職の自由も認められていますから、従業員の転職を会社が阻止しようとすることは、原則としては許されません。

01 引き抜きの際に気をつけること

引き抜きの際に気をつけるべきポイントがいくつかありますので、事例に沿ってみていきましょう。

■ 転職前の会社の各種情報を漏らしてはいけない

J君がW社で得た機密やノウハウ、個人情報などを、転職後X社

172

きみを待っているんだ来ないか？

はっはっは

…はい

の業務で利用する場合、問題が発生する可能性があります。これは、守秘義務に違反する可能性もありますし、営業秘密などをＸ社に漏らしたりすると、不正競争防止法に違反する可能性があります。

　これは、Ｊ君だけの問題ではなく、Ｃ課長が聞き出したりすると、Ｘ社に責任が及ぶこともあります。

2 労働条件の相違がある場合はどうか

　この事例のタイトルは「仲間になれば、世界の半分をやろう…」という有名なＲＰＧの魔王のお言葉ですが、誘いに乗ってもそれは罠で、バッドエンドが待っています。Ｃ課長の「来れば、今の給料の３倍は出すぞ」というセリフをＪ君が信じて転職をしたが、２倍にもならなかった、というような場合、どうなるでしょう。

　労働条件が事実と異なる場合は、労働契約の解除や契約内容に従った履行を求めることができますが、この場合、きちんと労働契約を結んでいなければなりません。労働条件は酔った席での話だけではなく、人事部署と話を詰めたうえで、書面で定めましょう。

3 Ｗ社とＪ君の労働契約（誓約書等）はどうなっているか

　就職時や退職時に、「会社を退社してから〇ヵ月間は、競業する企業への就職をしません」といった条項が入っている誓約書を提出させる会社があります。Ｗ社がこのような会社の場合、Ｊ君の転職

は、こういった誓約書に違反してしまうのではないでしょうか。

このような競業避止に関する取決めの有効性について、裁判例では、事例によって異なるため一概にはいえないものの、①守るべき企業の利益があるか、①を前提として競業避止義務契約の内容が目的に照らして合理的な範囲に留まっているかという観点から、②その従業員の地位、③地域的な限定の有無、④競業避止義務の存続期間や⑤禁止される競業行為の範囲、⑥代償措置の有無などを検討して判断しているようです（経済産業省「秘密情報の保護ハンドブック～企業価値向上に向けて～　参考資料5　競業避止義務契約の有効性について」2（1）参照）。

もっとも、守秘義務や営業秘密を守らなければならないといった妥当な内容の誓約書であるなら、有効であることは言うまでもありません。

４ 違法となり得る勧誘

上記のとおり、基本的には引き抜きは違法とはなりませんが、社会的相当性を逸脱し、きわめて背信的な方法（信義にそむく方法）で引き抜いた場合には不法行為責任を負うことがあります。

裁判例では、教材販売会社の営業本部長が、自分の転職にあたって24人の部下も一緒に競合企業に転職させた事案で、転職先企業は損害賠償責任を負いました。さまざまな事情が勘案されましたが、背信的な方法と認められれば、違法とみなされる可能性があります。

Ｃ課長の勧誘は背信的とまではいえないでしょう。

⑫ まとめ

転職の自由は認められているため、引き抜き行為が違法となるケースは限られているといえます。しかし、競合他社の従業員を引き抜くとなれば、法律上は問題がなくても、業界における評判の悪化等によるビジネス上の影響については十分考慮すべきでしょう。

確認問題

〔問〕 X社の従業員が転職をする場合について、適切でないものは次のうちどれですか。

❶ ライバル企業やヘッドハンターなどの第三者による労働者の引き抜き行為一般については、原則として、直ちに不法行為とはいえない。

❷ 引き抜き行為が一斉、かつ計画的に行われ、引き抜かれた企業に大きな被害を加えるような場合には、引き抜き行為をした従業員やその引き抜き先の会社の不法行為責任等が認められる場合がある。

❸ 従業員が部下や同僚の引き抜き行為をしている場合と、第三者による引き抜きが行われる場合とでは、その違法性が認められる範囲は同じである。

　本文で解説したように、当該会社の従業員ではない第三者による引き抜き行為は、原則として直ちに不法行為が成立するとはいえません。よって、❶ は適切です。

　裁判例においては、本文でも紹介したように、背信的な行為と認められるか否かなどの基準によって、引き抜き先の会社の不法行為責任等を認める場合があります。よって、❷ は適切です。

　裁判例によれば、従業員が部下や同僚の引き抜き行為をしている場合、第三者による場合よりは、その違法性を認める範囲を少し広げています。したがって、❸ は不適切です。　　　　　　　　　　**正解　❸**

31 取引先のお兄さんはコワい会社の人だった…

反社対応

事例　X社には、フロア〜トイレの掃除、廃棄物の処分、植木の交換、おしぼり等をレンタルしてくれる業者であるU社が出入りしています。掃除に来てくれるお兄さんは愛想もよく、女子社員にもファンがいるくらいです。
　しかし、ある日、U社は反社会的勢力であるというウワサが流れてきたためX社が調べたところ、確かにU社は反社会的勢力でした。

反社会的勢力とはすぐ手を切らなければならんぞ。

　反社会的勢力（反社）というと、暴力団が思い浮かびますが、それだけではなく、さまざまな集団・個人が反社会的勢力にあたり得ます。定義は「暴力、威力と詐欺的手法を駆使して経済的利益を追求する集団又は個人」とされており、これにあてはまる場合、反社会的勢力と判断してよいでしょう。反社会的勢力は企業に近づいてさまざまな不当行為をしてくる可能性が考えられます。たとえば、企業やその従業員のミスに乗じて、暴力的行為をすることを示唆しながら不当要求をしてくるということのほか、事例のように企業活動を装って取引を行ったり、政治活動や社会運動を標ぼうして企業に近づき、各種資金を要望したりする、といったことなどです。このようにして反社会的勢力は資金獲得活動を巧妙化させています。
　以下では、企業としての反社会的勢力への対応等を考えていきたいと思います。

176

01　不当要求にはどのように対応すべきか

1　不当要求の種類

　不当要求の類型には、接近型と攻撃型があります。接近型は、機関誌の購読要求、物品の購入要求、寄付金や賛助金の要求、下請け契約の要求を行うなど、「一方的なお願い」あるいは「勧誘」という形で近づいてくるものをいい、攻撃型は、企業のミスや役員のスキャンダルを攻撃材料として公開質問状を出したり、街宣車による街宣活動をしたりして金銭を要求する場合や、商品の欠陥や従業員の対応の悪さを材料としてクレームをつけ、金銭を要求することをいいます。

　接近型に対しては、契約自由の原則に基づき、「当社としてはお断り申し上げます」「申し訳ありませんが、お断り申し上げます」等と理由を付けずに断ることが重要です。なぜなら、理由をつけることは、相手側に攻撃の口実を与えるからで、妥当ではありません。

　また、攻撃型に対しても、言いがかりに関する事実関係を調査し、仮に、言いがかりがウソであると判明した場合には、それを理由として不当要求を拒絶する、また、真実だった場合でも、不当要求自体は拒絶し、不祥事案の問題については、別途、当該事実関係の適切な開示や再発防止策の徹底等により対応が大事です。

2　不当要求があった場合の対応

　不当要求等、反社会的勢力による被害を防止するための基本原則としては、下記の5つがあります。

　・組織としての対応

　・外部専門機関との連携

　・取引を含めた一切の関係遮断

　・有事における民事と刑事の法的対応

　・裏取引や資金提供の禁止

不当要求をしてきた場合、担当者個人で応対するのではなく、複数人で対応することや、このこと自体を担当者・担当部署に任せるのではなく、会社（組織）全体で対応をするようにしましょう。そういった事態に備えて、会社の体制を整え、どのように対処をするかなどもある程度決めておくとよいでしょう。また、警察や弁護士会など外部機関と常日頃から連携し、反社会的勢力の情報を収集したり、不当要求に係る事実が本当であった場合の対応など、法的な対応ができるようにしておくべきです。

　そして、事を穏便に収めようとして、裏取引をしたり少額であっても資金を提供してしまうと、関係を切ることが難しくなってしまいます。

⑫ 反社会的勢力と取引をしてしまった場合はどうなるの？

▇ 仲がよいと思っても豹変します

　反社会的勢力は、不当要求だけでなく、事例のように通常の取引をすることもあります。愛想のよいお兄さんが来て好感度も高いし問題はないのではないかと思ってしまいますね。

　しかし、結局表面だけ愛想がよくても、取引をしているなかで、たとえばＸ社で行われていた不正行為やスキャンダルをＵ社の社員が知ることになった場合、豹変してそれをネタに不当要求を仕掛けてくるということは十二分に考えられるのです。したがって、反社会的勢力と分かった場合、早期に手を切る必要があります。

▇ 反社会的勢力との縁の切り方

　反社会的勢力による被害を防止するためには、早い段階で関係遮断を図ることが大切です。また、反社会的勢力の疑いがある場合も、契約等の解消に向けた措置を講じる、関心を持って継続的に相手を監視するといった対応をしていくことが望ましいです。

　なお、取引の相手方が反社会的勢力であると判明した時点で、契

約上、相手方に期限の利益がある場合、関係の解消までに一定の期間を要することもありますが、不当要求には毅然と対応しつつ、可能な限り速やかに関係を解消することが大切です。

　事例の場合、U社との契約期間が残り1年あった場合は、1年間は契約を継続しなければならないことも考えられます。そういった場合に備えて、契約書に「反社会的勢力排除条項」を入れておくとよいでしょう。

　「反社会的勢力排除条項」とは、契約の条項に、「自分が反社会的勢力でない」といった申告を求める内容などを盛り込むことによって、①契約の相手方が反社会的勢力であると表明した場合には、暴力団排除条項に基づき、契約を締結しないことができる、②相手方が反社会的勢力であることについて明確な回答をしない場合には、契約自由の原則に基づき、契約を締結しないことができる、③相手方が反社会的勢力であることについて明確に否定した場合で、後に、その申告が虚偽であることが判明した場合には、暴力団排除条項および虚偽の申告を理由として契約を解除することができる、といった効果が生まれ、U社との契約期間が1年あったとしても、上記③の要件によって契約を解除することができるようになります。

⓪③ まとめ

　暴力団は、暴対法（暴力団員による不当な行為の防止等に関する法律）などによって弱体化していると思われますが、反社会的勢力は暴力団だけではないこと、また、暴対法などに引っかからないようにその手口が巧妙化しているといわれています。したがって、企業においても、関係ないと考えるのではなく、自社にも関わり得る存在として認識することが重要です。

※　なお、本項目は、法務省「企業が反社会的勢力による被害を防止するための指針」をもとに作成しています。

プライベートにおけるコンプライアンス

❶ 生活に関するコンプライアンス
❷ 趣味等に関するコンプライアンス
❸ トラブル・その他に関するコンプライアンス

　コンプライアンス（法令等遵守）といっても、会社での仕事においての話だけ、というわけではありません。社会人も、家に帰ればプライベートの時間があり、会社とはまた別の環境が待っています。第4章では、プライベートにおけるコンプライアンスについてみていきます。プライベートといっても、その範囲は広いので、本書では大きく3つに区分します。

　まずは、生活に関するコンプライアンスです。なんといっても、生きていくためには、住む、食べるということを行っていかなければなりません。1人では生きていくことができませんので、家族や近隣の人とどのような関係を築いていくか、そのためにはどのようなことを守っていくべきかを考えなければなりません。

　次に、趣味等に関するコンプライアンスです。ここでは、スポーツをしたり習い事をしたり、好きなものを集めたりといったいわゆる趣味のほか、生活以外のいろいろな活動について触れています。

　最後に、トラブルに関するコンプライアンスです。最近は、ほんの些細なことで怒鳴られたり、暴力を振るわれたりすることがあり、メディアでもよく取り上げられています。もちろん、暴力を振るうと犯罪ですが、そうでなくても、法律的に問題になるようなことがたくさんあります。自分がやってはいけないということはもちろんですが、他人から被害を受けそうになったとき、対処の仕方も変わってくるかもしれません。

第4章では、以上のように、プライベートに関するコンプライアンスについて解説していきます。

1 生活に関するコンプライアンス

「生活」といっても幅広いので、本書では２つに分けて考えます。

まずは、家族間の関係です。生活をしていくうえでまず考えなければならないのが、この家族関係でしょう。他人との関係では許されないことも、家族間では許されることがありますが、法律的にはどうなのでしょうか。この点については、事例32で解説します。

次に、ご近所との関係です。荒野の一軒家に住んでいるわけではないでしょうから、生活をするうえでは、ご近所との関係を無視するわけにはいきません。本来であれば、ご近所同士で何かと助け合っていくのが理想ですが、ちょっとしたいさかいがもとで、関係が険悪になってしまうことも考えられます。

また、生活していると必ず出るゴミの問題にも触れたいと思います。

ここでは、家族間の関係、通常の近隣関係と、アパート等に住む場合の賃貸借契約、ゴミ問題に関する話をしていきたいと思います。

32 親しき仲にも礼儀あり。家族間でも気をつけよう

家族関係

事例

B子さんの実家には、両親と高校生の弟が住んでいます。最近のB子さんの悩みは、実家にくる自分宛ての手紙を父親が勝手に読むことです。抗議をすると、「悪い虫がつかんようにチェックしているのだ！」と言うし、帰省をすると、母は勝手に携帯の着信履歴やメールを見るなど、プライバシーが侵害されているのです。

それに、弟は高校に入ってから不良っぽくなり、たまに母に暴力を振るったり、帰省したB子さんの財布からお金をちょくちょくくすねていることも、悩みのひとつです。

家族間などでは、一定の犯罪行為でも、被害者の意思によって訴追されないこともあるのじゃ。

01 はじめに

さて、B子さんの家庭にはいろいろと問題があるようです。父親が勝手に手紙を読んでしまうこと、母親も勝手に携帯電話の着信履歴やメールのやり取りを見てしまうこと、弟は母親に暴力を振るったりお金を盗んだり……。それぞれ、家族間であれば許される行為なのかどうか、みていきましょう。

その前に、刑法においては、一定の行為について、本人同士で解決すればよい問題や、犯罪として大々的に取り上げると社会生活で不利になることがあるような罪については、親告罪という制度が設けられています。これは、被害者が訴え出なければ犯罪として訴追

されない罪のことをいいます。

02 それぞれの行為の違法性

1 手紙を勝手に読む行為

　まず、他人の手紙を読む行為ですが、これは刑法上の信書開封罪にあたります。正当な理由がないのに、封をしてある信書を開けた場合、1年以下の懲役、または20万円以下の罰金に処されます。

　なお、信書開封罪は親告罪であり、被害者が訴えなければ訴追されません。ここでいう被害者はB子さんですが、それ以外にも、手紙を出した人も被害者になり得ます。

　B子さん宛てのラブレターを読んだB子さんの父親によって交際を反対された場合、手紙を出した人が恨んで訴えれば犯罪となってしまいます。

2 携帯電話の着信履歴やメールを勝手に見る行為

　B子さんの母親がする携帯電話の着信履歴やメールを勝手に見る行為を直接規制する法律等はありません。倫理的、道徳的には問題はありますが、携帯電話にロックをかければ済む話ですので、そのような対応をすればよいでしょう。

3 母親に暴力を振るう行為

　これは暴行罪・傷害罪にあたります。そして、暴行罪や傷害罪は親告罪ではなく、家族であっても暴力を振るえば、警察に逮捕され、検察官に訴追される可能性があります。

　犯罪になる、ならないというよりも、このような行為はすぐにやめさせなければなりません。

4 財布からお金を抜き取る行為

　これも窃盗罪（事例04参照）にあたる行為で犯罪は成立しますが、親族相盗例として刑は免除されます。

　親族相盗例とは、配偶者や直系血族（自分の親や自分の子など）、または同居している親族が行った窃盗罪などについてその刑が免除されるものです。

03 そのほか、家族間でも気をつけるべき行為

　そのほか、以下のような行為にも注意が必要です。

① 夜の生活

　夫婦間、恋人間でも強制的な性的行為は強制わいせつ罪や強制性交等罪にあたります。また、それによりケガを負わせると、より法定刑の重い強制わいせつ致傷罪や強制性交等致傷罪にあたります。

② 詐欺・横領

　家族間での詐欺や横領は、相対的親告罪、親族相盗例が準用されます。たとえば、親に資格試験の教材を買うとウソを言って10万円をもらっても、刑は免除されますが、恋人をだましていたらそうはなりません。

　ともあれ、B子さんは家族と話し合い、悪いことだとわかってもらいましょう。とくに弟さんの暴力や窃盗行為は問題です。

確 認 問 題

〔問〕 **家族間における犯罪の成立に関する記述について、適切なもの
は次のうちどれですか。**

❶ 夫が、妻の財布からお金を抜き取った場合は、原則として窃盗罪
で処罰されないが、内縁の夫が、内縁の妻の財布からお金を抜き
取った場合は、原則として窃盗罪で処罰される。

❷ 夫が、「親展」と書かれていない妻宛ての手紙を開封して読んだ
としても、問題はない。

❸ 親が自分の子どもに暴力を振るうことは、しつけのためであれば、
問題はない。

　内縁とは、夫婦としての実態をもちながらも、婚姻の届出をしておらず、
法律上の夫婦と認められない関係をいいます。夫が、妻の財布からお金を
抜き取った場合、親族相盗例として窃盗罪で処罰されませんが、内縁関係
の場合は親族ではないので、窃盗罪が成立するというのが最高裁の判断で
す。よって、❶ は適切です。

　夫が、妻宛ての手紙を開封して読んだ場合、信書開封罪が成立します。「親
展」と書かれているか否かは関係ありません。妻が訴えないとしても、手
紙を出した相手方が訴える可能性がありますので、問題はあります。よって、
❷ は不適切です。

　親が自分の子どもに暴力を振るうことは、しつけのためであっても、暴行
罪や傷害罪が成立します。親だからといって暴力を振るっていい理由には
なりません。よって、❸ は不適切です。　　　　　　　　**正解　❶**

33 ご近所トラブルにご用心

近隣トラブル

事例 A君は、郊外の一戸建てに親兄弟と住んでいます。昼間は会社にいるので知りませんでしたが、最近隣に引っ越してきたSさんご一家から、「犬の鳴き声がうるさい」「植木の枝が境界を越えて入ってきている」「うちの私道部分を通らないでほしい」など、いろいろとクレームが来ているということを親から聞きました。

社会人としては、ご近所づきあいも大事じゃぞ。場合によっては刑事的な問題に発展することもあるんじゃ。

　プライベートで重要なのが、ご近所づきあいです。生活の本拠のことですので、仕事と同じくらい気をつけなければなりません。
　ご近所トラブルとしてよくある3つの例を解説しましょう。

01 境界問題

　まず、境界問題です。たとえば、庭に植えている植木の枝葉が隣の家の敷地に侵入した場合、どうなるでしょう。このような場合、民法上は、勝手にはみ出してきた枝葉を切り取ることはできませんが、代わりに相手に切り取るよう要求することができます。したがって、Sさんからその部分の枝葉を切り取ってほしいと言われたら、その通りにしなければなりません。
　なお、2023年4月より、竹木の所有者に枝を切除するよう催告したにもかかわらず、竹木の所有者が相当の期間内に切除しないと

きや、竹木の所有者がわからず、あるいはどこにいるのかわからないとき、または急迫の事情があるときには、その枝を切り取ることができるように法改正がなされました。

　また、普段から私道（個人の所有地）とは知らずに通行していることもあるようです。私道で囲まれていて、私道を通らないと公道に出られないような場合は、私道を通ることが民法上認められています。土地の所有者からみれば面白くないこともあるでしょう。最低限の使用にとどめ、適切に使うなどの配慮は必要です。

02 ペットのトラブル

　ペットのトラブルには、鳴き声などの騒音や、自分の敷地内で放し飼いにしているペットが他人の敷地に入ること、フンをすること、噛みつくなど他人にケガをさせることなどがあります。

　鳴き声はしかたがない部分がありますが、たくさん散歩をさせてストレスを減らしたり、夜は家に入れるなど、できるだけ周りに迷惑がかからないよう配慮すべきでしょう。フンなども、放し飼いでなければ飼い主が片付ければいいことですし、放し飼いであれば、決まった場所でするようしつけるなどの対応が必要です。

問題なのが、噛みついたりしてケガをさせた場合です。民法718条には、「動物の占有者は、その動物が他人に加えた損害を賠償する責任を負う」とあり、民事上の責任も負う可能性があります。また、飼い犬が人を噛んでケガをさせた場合は、飼い主が刑法209条の過失傷害罪に問われます。

⑬ 騒音・その他

　騒音問題としては、ペットの鳴き声のほか、庭が狭く密集している住宅地などでは、ピアノの音や子どもの歓声、ボリュームをあげての音楽鑑賞、日曜大工（ＤＩＹ）のチェーンソーの音なども考えられます。

　また、駐車関係のトラブルも多いようです。普段は問題がなくても、友達や親戚が来て、一時的に他人の家の前や他人の車の出入りに支障を来すところなどに停めると、トラブルになりますし、場合によっては通報されることもあります。

　これらも、すべてがダメではありませんが、節度をもたないと、苦情が来たり、場合によっては迷惑条例等に抵触してしまうことになります。

⑭ まとめ

　ご近所関係においては、お互い協力しあって仲良くやっていくのが望ましいところです。ご近所関係が一度悪化すると、なかなか解決は難しく、場合によってはどちらかが引っ越さなければならない事態に発展することもあり得ます。

　普段からコミュニケーションをとる、できるだけ迷惑がかからないように配慮する、などの心がけが必要です。

34 飼い猫がアパートの壁を 壊しちゃった…

賃貸借契約

事例

B子さんは賃貸アパートに住んでいます。アパートでは猫のミー子を飼っており、会社から帰宅するとずっとミー子と戯れています。

ある日、ミー子が興奮して家具の上を飛び回り、棚が倒れてしまい、壁に大きな穴が開いてしまいました。

しかもどうやらこの建物は、ペット禁止のアパートでした。

> アパートの賃貸借契約では、民法・借地借家法によって貸主や借主の権利義務が決められているんじゃ。

B子さんは賃貸アパートでの約束を守らず、壁に穴を開けてしまいました。B子さんは大家さん（貸主）に対してどのような責任を負うでしょうか。

01 民法と借地借家法

賃貸アパートの借主であるB子さんは、大家さんとの間で建物の賃貸借契約を結んでいます。このような賃貸借契約に関しては、民法や借地借家法で規律されています。一般法である民法に対して、借地借家法は、借地と借家の法律関係についてとくに定めた特別法として位置付けられます。

契約においては、双方が納得して合意した内容で成立しますが、アパートの賃貸借契約においては、一般的には貸主の立場のほうが強く、借主に不利な条項が契約書に盛り込まれるおそれがあることから、法律等により、貸主や借主が守らなければならない事項を定

めて調整をしています。以下、確認していきましょう。

⑫ 貸主と借主の義務

　貸主と借主との間で建物の賃貸借契約が結ばれると、貸主は、その建物を使える状態で貸す義務を負います。そのため貸主は、建物に不具合がある場合（雨漏りなど）、修繕等をして借主が使える状態にしなければなりません（修繕義務）。

　一方、借主は、建物を貸主に明け渡すまで、十分に注意して建物を保管・保存する義務を負います（善管注意義務）。これに違反して貸主に損害を生じさせれば、貸主に対して損害賠償義務を負うことになります。

⑬ ペット禁止なのに飼ったらどうなるか

　借主は、貸主との賃貸借契約の内容に従って建物を使用しなければなりません。賃貸借契約書にペットの飼育禁止条項があれば、借主はこの条項をきちんと守る必要があり、もし違反してペットを飼育したら、貸主から賃貸借契約を解除される可能性があります。

　また、猫を飼った場合には、爪を研ぐことなどによって柱や壁、床などに、キズや糞尿などのにおいがつくといったことも考えられ

ます。ペットの飼育が可能なアパートであれば、通常、爪とぎのキズなどの問題が起きないような家の造りになっていたり、ペットによる多少の損害は免除されるようになっていると思います。しかし、そうでなければ、現状を回復して（キズなどを元に戻して）返す義務や、建物に生じた損害を賠償する責任を負います。また、ペットの飼育禁止条項に違反した場合の違約金条項があれば、借主は貸主に対して違約金を支払う必要があります。

04 壊した壁はどうしたらよいか

借主は建物を返すときに、元の状態に戻す義務を負います（原状回復義務）ので、通常の使用によって生じた損耗（通常損耗）の場合や経年変化の場合を除き、建物に生じた損傷を元に戻す必要があります。

ペットの飼育禁止条項を破ったうえでの壁の破壊ですから、場合によっては、貸主との信頼関係を破るものであるとして、貸主から賃貸借契約を解除されることも考えられます。

05 その他発生するトラブル

1 他の住民とのトラブル

ペットの飼育により、隣や階下の住人などとの間で、ペットの鳴き声や物音などの騒音、ペットの体臭や排泄物のにおいなどをめぐってトラブルになる可能性があります。どんなに隠そうとしても、生活しているうちに周囲にはわかってしまうものです。

もし、ペットが隣人の身体や財産を傷つけるようなことがあれば、隣人に対して民法上の損害賠償責任を負うことになります。

2 動物愛護管理法違反

1人暮らしで動物を飼うと、世話が行き届かなくなりがちです。猫も生き物ですから、お腹もすきますしストレスもたまります。こ

うした状態を放置すると、虐待として動物愛護管理法違反となり、罰金や懲役に処されることがあります。

06 まとめ

トラブルの多い賃貸借契約では、貸主と借主の信頼関係が重要となります。そのため、契約を守ることはもちろん、あくまでも借りているもの、として丁寧に使うことが重要でしょう。

プラスワン

原状回復をめぐるトラブルとガイドライン

借主が具体的にどのような損傷が生じた場合に元に戻さなければならないかについては、国土交通省住宅局が公表している「原状回復をめぐるトラブルとガイドライン（再改訂版）」（平成23年8月）を参考にするのがよいでしょう。

ガイドラインでは、借主の通常の使用による損耗・毀棄について具体的な事例を区分し、借主と貸主の負担の考え方を明確にしています。たとえば、「テレビ、冷蔵庫等の後部壁面の黒ずみ（いわゆる電気ヤケ）」については「テレビ、冷蔵庫は通常一般的な生活をしていくうえで必需品であり、その仕様による電気ヤケは通常の使用ととらえるのが妥当と考えられる」とされ、また、「壁等のくぎ穴、ネジ穴（重量物をかけるためにあけたもので、下地ボードの張替が必要な程度のもの）」については「重量物の掲示等のためのくぎ、ネジ穴は、画鋲等のものに比べて深く、範囲も広いため、通常の使用による損耗を超えると判断されることが多いと考えられる。なお、地震等に対する家具転倒防止の措置については、予め、賃貸人の承諾、または、くぎやネジを使用しない方法等の検討が考えられる」とされています。

確 認 問 題

〔問〕 Aさんのペット飼育に関する記述のうち、適切でないものは次のうちどれですか。

〈事例〉 Aさんが住む賃貸アパートではペットの飼育が禁止されており、賃貸借契約書にもペット飼育禁止条項があります。しかし、Aさんは内緒でペットを飼おうと思っています。

❶ インコなどの小型の鳥であっても問題となる可能性がある。

❷ 爬虫類であれば鳴き声をほとんど出さないので問題ない。

❸ 金魚数匹であれば問題とならない場合がある。

インコなどの小型の鳥であっても、犬や猫ほどではないにしても、鳴き声やにおいが発生します。そのため、インコなどの小型の鳥を飼うことは、ペットの飼育禁止条項に違反する可能性があります。よって、❶ は適切です。

鳴き声をほとんど発しない爬虫類であってもにおいがしますし、爪などで建物を損傷させることがあり得ます。また、逃げ出して隣人に迷惑をかけることも考えられます。そのため、ペットの飼育禁止条項に違反する可能性があります。よって、❷ は不適切です。

一方、金魚数匹であれば、騒音もにおいもほとんどありませんし、逃げ出して隣人に迷惑をかけることもありません。そう考えると、ペットの飼育禁止条項に違反するとまではいえない場合も多いでしょう。よって、❸ は適切です。

インコなどの小型の鳥であっても、爬虫類であっても、貸主に無断で飼えば飼育禁止条項に違反する可能性があります。一方、金魚数匹程度であれば、飼育禁止条項に違反するとまではいえない場合もあるでしょう。トラブルを防止するには、自分で判断せず飼う前に貸主に確認するとよいでしょう。 **正解 ❷**

家電のポイ捨て、法令違反

事例 D君は、友達から大型テレビを譲り受けたため、今まで使っていたテレビを処分することにしました。調べてみると、処分するにはいろいろと費用や手間がかかるようです。それを面倒に思ったD君は、よくないことだとは思いつつも、夜中に近所の川原までテレビを運び、捨ててしまいました。

物をそこらへんに捨ててはならん。ごみの処分についても、きちんと法令で決められているのじゃ。

01 D君はどのような規制に引っかかるか

1 廃棄物の処理及び清掃に関する法律（廃棄物処理法）

廃棄物処理法は、個人や事業者の廃棄物（ゴミ）の処理について定める法律です。廃棄物処理法において「廃棄物」とは、ごみ、粗大ごみ、燃え殻、汚泥、ふん尿、廃油、廃酸、廃アルカリ、動物の死体その他の汚物または不要物をいいます。

廃棄物は、「一般廃棄物」と「産業廃棄物」に分けられ、家庭から排出されたゴミは一般廃棄物にあたります。一般廃棄物については、各自治体が一般廃棄物処理計画を定めたうえで、それにしたがって一般廃棄物を収集、運搬、処分することが求められます。

また、廃棄物処理法では、「何人も、みだりに廃棄物を捨ててはならない」と定めています。廃棄物を捨てる場合には、廃棄物処理

法に定められた方法で処分しなければなりません。もし、廃棄物を不法に投棄すれば、5年以下の懲役もしくは1,000万円以下の罰金、またはこれらの併科に処せられます。

2 関連する規制

　家庭や事務所からエアコン、テレビ（ブラウン管、液晶・プラズマ）、冷蔵庫・冷凍庫、洗濯機・衣類乾燥機といった、いわゆる「家電4品目」を排出する場合には、特定家庭用機器再商品化法（家電リサイクル法）の対象となります。

　この法律により、不要となった廃家電は、販売店や各自治体などに引き取ってもらうことになります。その際、廃家電を排出した者は、原則として家電リサイクル料金を負担しなければなりません。排出する際に運搬も依頼する場合には、収集運搬費用も負担することになります。

　D君はテレビを川原に不法投棄しています。そのため、廃棄物処理法に違反し、罰則の対象となります。テレビは家電リサイクル法の対象となりますので、本来であれば、D君は、家電リサイクル料金を負担して販売店や各自治体にテレビを引き取ってもらわなければなりません。

(02) 容器包装リサイクル法

　そのほか、環境に関して身近に守らなければならない法律として、容器包装リサイクル法があります。

　容器包装リサイクル法の特徴は、従来は市町村だけが全面的に責任を担っていた容器包装廃棄物の処理を、消費者は分別して排出し、市町村が分別収集し、事業者（容器の製造事業者・容器包装を用いて中身の商品を販売する事業者）は再商品化（リサイクル）するという、三者の役割分担を決め、一体となって容器包装廃棄物の削減に取り組むことを義務付けたことです。これにより、廃棄物を減らせば経済的なメリットが、逆に廃棄物を増やせば経済的なデメリットが生じることになります。

　消費者は、分別排出に努めるだけでなく、マイバッグを持参してレジ袋をもらわない、簡易包装の商品を選択するなどして、ごみを出さないように努めることも求められています。

　容器包装リサイクル法の対象は、容器（商品を入れるもの）、包装（商品を包むもの）（商品の容器および包装自体が有償である場合を含む）のうち、中身商品が消費されたり、中身商品と分離された際に不要になるものを「容器包装」と定義して、リサイクルの対象としています。

　なお、この法律の改正に伴い制定された省令により、2020 年 7 月 1 日よりレジ袋が有料化されました。

(03) まとめ

　D君は、廃棄費用等を支払いたくないためにゴミを川原に捨てており、廃棄物処理法に違反します。社会の一員として、地球を汚すことのないよう、法律を守って、きっちりとゴミの廃棄をしましょう。

確 認 問 題

〔問〕 Aさんの行為に関する記述のうち、適切でないものは次のうち
どれですか。

〈事例〉飲食店を経営するAさんは、お客さんが食べ残した残飯を、
毎日のように近所の公園に捨てていました。

❶ 廃棄物処理法に違反する可能性がある。

❷ 威力業務妨害罪が成立する可能性がある。

❸ カラスや野良猫のエサになるので問題ない。

　飲食店から出るゴミは、「事業系一般廃棄物」と「産業廃棄物」に分けら
れます。これらの事業系廃棄物は、家庭系廃棄物とは異なり、一般のゴミ
捨て場に捨てることはできません。産業廃棄物には、プラスチック、金属、
発砲スチロール、廃油、ゴム、ガラス、陶磁器などが含まれます。事業系
一般廃棄物は、産業廃棄物以外の事業系廃棄物のことです。お客さんの食
べ残しは、事業系一般廃棄物に含まれるでしょう。

　事業系廃棄物は、その種類に応じて適切に処理しなければなりません。
事業系一般廃棄物を不法投棄した場合には、5年以下の懲役もしくは1,000
万円以下の罰金、またはこれらの併科に処せられます。飲食店を法人化（会
社形態）していれば、その法人も、3億円以下の罰金刑に処せられます。よっ
て、❶ は適切です。

　また、公園に廃棄物を捨てる行為は、それによって公園の利用が妨げられ、
公園を利用させるという公園管理者の業務を妨害することにつながります。
そのため、公園管理者に対する威力業務妨害罪（刑法234条）が成立します。
よって、❷ は適切です。

　カラスや野良猫は、ゴミを散らかし不衛生となる要因です。よって、❸
は不適切です。むやみにエサをあげる行為も、条例等で禁じられていたり
します。　　　　　　　　　　　　　　　　　　　　　　　　正解　❸

36 しょうゆペロペロ、バズるかな?

迷惑行為

事例

D君はひさしぶりに学生時代の友達と会うことになりました。その友達の多くは、昔けっこうやんちゃをしていた仲間でした。

みんなで個室の居酒屋に行くことになり、飲みながら昔の話で盛り上がりましたが、お酒が入ったこともあって、仲間のM君がしょうゆ差しの注ぎ口をぺろぺろなめたり、N君は裸になって座布団の上で泳ぐまねをしたり、やりたい放題です。D君はとめましたが、その光景を撮影した友達が、「これはバズるぜ!」といいながらSNSに投稿してしまいました。

こら —————————————————————っ!!

01 迷惑行為の行く末

1 迷惑行為の効果

さて、最近、面白半分でお客さんがみんなで使う什器(じゅうき)(店等で一般的に使われる備品)などを口に入れたり、汚い場所に触れさせたりして楽しむ様子を撮影し、それをSNSでアップするという行為が流行っているようです。

たとえば、自分で食べたお皿をぺろぺろする分には、飲食者のつば等が付くことを想定して、その後洗うので問題はありませんが、しょうゆ差し等のみんなが使う什器類は、そのようなことが想定されておらず、非常に不潔な状態になり、食中毒の原因となりかねま

せん。また、そのような動画をアップすることも、見た人が不快になり、その店に行きたくなくなるようになります。

2 迷惑行為で問われる罪

このような迷惑行為は、刑法上の威力業務妨害罪の構成要件に当たり得ます。

威力とは、人の意思を制圧するに足りる勢力をいうとされています。本事例でいうと、動画を見たお店側が一時休業したり、すべての什器を交換するなど特別な対応を要することになるといったことが挙げられます。このように特別な対応のため通常の業務に支障を来すことで、威力業務妨害罪が成立します。また、ぺろぺろ行為が原因で食中毒の患者が出た場合、傷害罪にも問われかねません。

ぺろぺろのほか、裸で座布団に乗る行為も、見ている側からすると不快な行為であり、この動画を見た常連客が店に来なくなったりした場合、顧客の減少と因果関係が認められる可能性が高く、店側が民法上の不法行為責任を問い損害賠償を請求することも可能でしょう。

02 まとめ

仲間内で盛り上がる場合、その場のノリでどんなことも楽しく感じることがあります。しかし、その場以外の人にとっては面白くもなんともなく、ＳＮＳで発信したとしてもバズるどころか、まったく共感が得られないでしょう。

その場のノリでしてしまったことが、のちの人生を狂わせてしまうことがあります。罪を償って、賠償金を支払えば、刑事的・民事的責任をとることができるかもしれませんが、ＳＮＳが発達した昨今では、デジタルタトゥーといって、不適切な行為をしたという情報が一生消えないことになるのです。

2 趣味等に関するコンプライアンス

　プライベートにおけるコンプライアンスのうち、ここでは、前節の生活に関する問題や、後節のトラブルに関する問題以外の、「趣味等に関するコンプライアンス」として、個人の趣味だけでなく個人の活動全般について、守るべきルールなどをまとめています。

　趣味等には、スポーツから読書のようなものまで非常に幅広く、また、生活やトラブル以外の活動についても含まれます。

　この節では、①ソーシャルゲームにおいて、プログラムを改ざんしたらどうなるのか、②ネットオークション等で売買をした際に、どのような点に気をつけなければならないのか、③コンサートなどのチケットを入手・転売する際に気をつけなければならないことは何か、④友人等と賭け事をすることに問題はないのか、という点について解説をしています。

ソーシャルゲーム改造で、最強キャラ爆誕！

プログラム改造

事例

D君はソーシャルゲームが趣味で、土日のほとんどはゲームに没頭しています。ある日、ゲーム仲間のE君から、手持ちのキャラクターの能力値（ステータス）を一瞬で最大までレベルアップさせるというセーブデータの改造ツールを紹介されました。後ろめたい気持ちはあったものの、最大までレベルアップさせてプレイしてみたいという欲求から、D君は、E君から購入した改造ツールを使用して最強のキャラクターを手に入れました。

　ゲームのデータやプログラムを改ざんして、ゲーム内通貨やレアアイテムを不正に増やしたり、キャラクターのレベルを不正に上げたりするなどの、正規の利用では本来できないことを不正にできるようにする行為をチート行為といいます。

　チート行為は、PCゲーム、スマホゲームを問わず、ゲームバランス等を崩し、ゲーム参加者やゲームの配信者を害するため、大きな問題となっています。

01 D君が引っかかる規制とは

　D君の行為は、著作権法、刑法、民法等に違反している可能性が高いです。それぞれみていきます。

1 著作権法違反

　ゲームのプログラムは、著作権法にいう「著作物」に該当します。そのため、ゲームのプログラムを、その著作権者（ゲーム運営会社など）に無断で改変するチート行為は、著作権法違反となります。チート行為よりゲームプログラムの同一性保持を侵害された著作者

が受けた損害について、チート行為をした者は、民法上の不法行為に基づく損害賠償責任を負います。

2 刑法にひっかかることも

ゲーム運営会社は、ゲーム参加者にゲームをプレイさせ、キャラクターや強化アイテムを販売する、といった業務を行っています。チート行為が行われると、ゲームバランスが崩れてゲームの公平性が害され、既存のゲーム参加者が離れたり、新規の参加者が参加を控えたりします。これにより、ゲーム運営会社のゲーム運営業務が妨害されることになります。

そのため、チート行為をした者に対しては、電子計算機損壊等業務妨害罪が成立する可能性があります。その場合、5年以下の懲役または100万円以下の罰金に処せられます。

02 E君はどうなるのか

D君に電子計算機損壊等業務妨害罪が成立すると、それを売ったE君にも、関与の度合いによって、共犯（共同正犯、教唆犯や幇助犯）が成立する可能性があります。そのほか、E君はD君に対し、手持ちのキャラクターの能力値を一瞬で最大までレベルアップさせるというセーブデータの改造ツールを売っています。これは、不正競争防止法違反に該当する可能性があります。その場合、5年以下の懲役または500万円以下の罰金に処せられます。

03 まとめ

ソーシャルゲームの多くは、いかにお金や時間をかけたかによって、ゲームの進行やゲーム内秩序に大きな影響を及ぼす仕様となっていますので、手軽にデータを改造したくなるかもしれません。しかし、自分の財布やスケジュールと相談しながら、不正行為をせずに楽しんでください。

確 認 問 題

〔問〕 Aさんの行為に関する記述のうち、適切でないものは次のうちどれですか。

〈事例〉プログラミングに詳しいAさんは、あるオンラインゲームでチート行為をするためのプログラム（改造ツール）を開発しました。

❶ Aさんから改造ツールを提供された人がチート行為をしても、Aさんが法的責任を負うことはない。

❷ Aさんが改造ツールを使用してチート行為をすれば、著作権法違反になる。

❸ Aさんが改造ツールを使用してチート行為をすることでゲーム運営会社の業務が妨害されれば、電子計算機損壊等業務妨害罪が成立する。

　チート行為によってゲーム運営会社の業務が妨害されれば、電子計算機損壊等業務妨害罪が成立します。改造ツールを開発して、他人にチート行為を行わせた者についても、関与の度合いによって、共犯（共同正犯、教唆犯や幇助犯）が成立する可能性があります。よって、❶ は不適切です。

　また、改造ツールを開発してチート行為をすれば、著作権法違反になります。これによりプログラムの著作権者（ゲーム運営会社など）が損害を受けた場合、チート行為をした者は、損害賠償責任を負います。よって、❷ は適切です。

　Aさん自らがチート行為をすれば、著作権法違反になり、また、電子計算機損壊等業務妨害罪が成立する可能性があります。Aさんが改造ツールを提供し、提供を受けた者がチート行為をした場合でも、Aさんの関与の度合いによって、電子計算機損壊等業務妨害罪の共犯が成立する可能性があります。よって、❸ は適切です。　　　　　　**正解　❶**

38 ネットオークションで ぼろ儲け?!

事例 A君は休日に、古本屋や中古屋を回っては、安く買ったものをネットオークションで高く売るという、いわゆる「せどり」をよく行っています。
　今年はお宝に恵まれて、気がつけば100万円近くの儲けが生じていました。

01 ネットオークション等のコンプライアンス

　近年は、ネットオークションやフリマアプリによる個人間でのやり取りも多くなってきています。ネットオークションやフリマアプリであっても売買契約ですので、民法が適用されます。したがって、売買契約が成立すれば、A君には商品を送る義務・お金を請求する権利が発生します。商品が壊れていたりお金を支払わないと、債務不履行の問題が生じます。ただし、消費者契約法においては、「一定の目的をもってなされる同種の行為の反復継続的遂行（営利非営利は関係ありません）」を事業として捉えており、A君の行為が消費者契約法上の事業者と認められる可能性があります。その場合は、消費者契約法が適用されます。

02 考えられる法的な規制

　A君は、ネットオークションでせどり行為を行い、けっこうな利益を上げているようです。このことについて、コンプライアンス上気をつけるべき点を考えてみたいと思います。

1 古物商の許可が必要となることがある

　せどり行為をしている場合、古物商の許可を受ける必要がある場合があります。古物営業法における古物とは、一度使用された物品や使用されない物品で使用のために取引されたものなどをいいます。ただし、自己使用していた物や自己使用のために購入したが未使用の物を売る場合には古物商の許可は不要ですが、自己使用といいながら、実際は転売するために古物を買って持ったりするのであれば、許可を取らなければなりません。

　ちなみに、古物営業法における古物とは、美術品類、衣類、時計・宝飾品類、自動車、自動二輪車および原動機付自転車、自転車類、写真機類、事務機器類、機械工具類、道具類、皮革・ゴム製品類、書籍、金券類をいいます。

2 特定商取引法の事業者に該当する可能性がある

　ネットオークションにおいて、営利の意思を持って反復継続して販売を行う場合は、法人・個人を問わず、特定商取引に関する法律（特定商取引法）上の事業者に該当し、同法の規制対象となります。その場合、必要的広告表示事項の表示や誇大広告等の禁止等の義務が課せられることになります。

3 税金を支払わなくてはならない

　A君は、多額の収益を得ているようです。そうすると、税金を納

める必要が生じます。

　A君はX社に勤める会社員であり、給与所得者ですので、それを前提に解説をしていきます。原則として給与所得者は、会社が行う年末調整によって所得税額の過不足が清算されますので確定申告の必要はありません。しかし、給与所得以外に副収入等によって20万円を超える所得を得ている場合には、確定申告が必要となります。

　税金に関連して、会社員の副収入についてみていきます。

　給与所得者の副収入としては、さまざまなものが考えられますが、事例にもある、①ネットのオークションサイトやフリマアプリなどを利用した個人取引による所得、②自家用車などを人に貸してお金をもらった場合の所得、③ベビーシッターや家庭教師などの人的役務の提供による所得、④民泊による所得、⑤仮想通貨（暗号資産）の売却等による所得、などがあります。これらは、一般的には雑所得に該当します。なお、①ネットオークションやフリマアプリで売る物について、生活の用に供している資産（古着や家財など）の売却による所得は非課税（この所得については確定申告が不要）とされています。

　そのほか、一時所得として、①懸賞や福引きの賞金品、②競馬や競輪の払戻金、③生命保険の一時金や損害保険の満期返戻金等、④法人から贈与された金品、⑤遺失物拾得者や埋蔵物発見者の受ける報労金等、偶発的に生じた所得なども、会社員に入る収入として考えられます。こちらも確定申告が必要となります。なお、宝くじの当選金には、税金はかかりません。

⑬ まとめ

　A君は、ネットオークションで多くの商品を購入し、繰返し転売しています。消費者契約法の事業者や特定商取引法上の事業者、古物商に該当する可能性があります。いずれも、取引等の実態によっ

て個別に判断されます。

そして、100万円近くの儲けについては、雑所得として確定申告をしなければなりません。申告しなかった場合は、延滞税や無申告加算税などが課される可能性があります。

確 認 問 題

〔問〕 **個人の税金（所得税）に関する記述として、適切でないものは次のうちどれですか。**

❶ 会社員が給料以外で得る副収入は、すべて雑所得となり、その額が20万円を超えると確定申告が必要となる。

❷ 会社員が給与以外で得た副収入を、雑所得として確定申告をする場合は、得た収入から経費を差し引いた額に税金がかかる。

❸ クイズの賞金や競馬の馬券の払戻金のような偶発的に得た所得は、雑所得ではなく一時所得として課税される。

会社員が給与以外で得る収入には、ネットオークションの利益や家庭教師などの謝礼など、雑所得に分類されるものもありますが、持っている不動産を駐車場にしたり、建物を賃貸してお金を得る不動産所得や、不動産を売って得る収入である譲渡所得などもあります。よって、❶は不適切です。

雑所得は、収入金額から必要経費を差し引いた額が所得金額となり、他の所得（給与所得など）と総合して税額の計算をすることになります。よって、❷は適切です。

クイズの賞金や競馬の馬券の払戻金のような偶発的に得た所得は、雑所得ではなく一時所得として課税されます。よって、❸は適切です。

正解 ❶

39 チケット転売で小遣い稼ぎ

チケット転売

事例

　A君は、小遣い稼ぎのつもりで、チケットの高額転売をこれまで何度も繰り返し、多くの利益を上げてきました。

　来月も、人気アイドルグループ「台風」のライブのチケットが発売されるので、たくさん買い占めて後日インターネットオークションで高値をつけて売りさばくつもりです。

　2019年6月より、チケットの転売を禁止する法律が施行されているぞ！

　A君は、正規の値段で「台風」のコンサートのチケットを手に入れて、それを高値で売りさばこうと考えています。どれだけ高く売ろうとも、契約自由の原則があるため、欲しい人が納得して買えば問題ないようにみえますが、法律上の問題はないのでしょうか。

01 チケット不正転売禁止法

　演劇、コンサートやスポーツなどのチケットを不正に転売したり、不正転売を目的としてチケットを譲り受けたりすることは、「特定興行入場券の不正転売の禁止等による興行入場券の適正な流通の確保に関する法律」（チケット不正転売禁止法）で禁止されています。

1 規制の対象となるチケット

　対象となるチケットは、国内で行われる映画、音楽、舞踊などの芸術・芸能やスポーツイベントなどのチケットのうち、①チケット

に興行主（主催者）の同意のない有償譲渡を禁止する旨が書かれているもの、②興行の日時・場所、座席等が指定されているもの、③販売時に、入場資格者または購入者の氏名および連絡先を確認する措置が講じられ、その旨がチケット等に表示されているもの等で、特定興行入場券と呼ばれます（本文では「チケット」といいます）。

❷ どのような場合に転売が禁止されるか

　チケット不正転売禁止法により、①興行主の事前の同意を得ずに、業として（反復継続して）、チケットの販売価格を超える価格で転売を行うこと、②不正転売の目的でチケットを譲り受けること、が禁止されています。そして、違反者は、1年以下の懲役もしくは100万円以下の罰金またはその両方が科されます。

　転売業者のみならず、個人であっても、反復継続して転売を行えば処罰されますので、注意が必要です。

❸ その他の規制

　チケット不正転売禁止法では、上記のほか、転売をする目的でチケットを入手することは許されていません。

　なお、招待券などの無料チケットや、転売禁止の記載のないチケット、日時指定のないチケットなどは、チケット不正転売禁止法の規制の対象にはなりません。

02 A君は、どうすればよいか

このように、A君はまさにチケット不正転売禁止法に違反する行為をしようとしています。

チケット不正転売禁止法は、インターネット上のオークションやチケット販売サイトにおけるチケットの高額転売が日常的に横行し、チケットを本当に求めている人にとって入手しづらい状況が続いていたため、そのような状況を解消する目的で、2019年6月から施行されました。それ以前に行っていた転売行為は罰せられませんが、これからは行わないようにしましょう。

もし、転売目的ではなく本当に自分が行くつもりでコンサート等のチケットを購入したものの、どうしても行けなくなって転売したい場合には、興業主側の正規（公式）のリセールサイトを利用しましょう。正規（公式）のリセールサイトは、チケットの有償譲渡に関する興業主の事前の同意を得ているので、定価でチケットを転売することができます。

03 まとめ

従来から、公道、広場、駅、興行場などの公共の場所で、転売目的でチケットを買おうとしたり、売ろうとしたりする行為は、「ダフ屋行為」として各都道府県の迷惑防止条例で禁止されてきました。

チケット不正転売禁止法は、従来の迷惑防止条例では規制できなかったインターネットによる転売行為も含めて規制の対象としています。

これまでも高額転売を繰り返してきたA君は、今回も人気アイドルグループ「台風」のチケットを高値で転売しようとしています。そのため、A君が高値で転売を行った場合、業として不正転売を行ったことになり、チケット不正転売禁止法により処罰されます。

確 認 問 題

〔問〕 Ａさんの行為に関する記述のうち、チケット不正転売禁止法上、適切でないものは次のうちどれですか。

〈事例〉これまで何度もチケットの転売を繰り返してきたＡさんが、音楽イベントのチケット（特定興行入場券）を手に入れました。

❶ Ａさんがフリーマーケットアプリを利用してチケットを半額で転売しても処罰されない。

❷ Ａさんがチケットを興業主ではなく転売屋から転売目的で手に入れた場合、Ａさんがそのチケットを高額で転売しても処罰されない。

❸ Ａさんがチケットを友人に無料で譲渡しても処罰されない。

チケット不正転売禁止法により禁止される「不正転売」とは、興業主（主催者）の事前の同意を得ないチケットの、業として行う有償譲渡であって、興行主の販売価格を超える価格で転売することをいいます。したがって、インターネット上で、半額で販売したり、友人に無償譲渡する場合には、同法による規制の対象とはなりません。よって、❶ と ❸ は適切です。

一方、同法が規制するのは、①不正転売をすることと、②不正転売を目的としてチケットを譲り受けることです。そのため、❷ のＡさんがチケットを転売屋から転売目的で譲り受けた段階で処罰の対象となり、その後に高額で転売することも処罰の対象となります。よって、❷ は不適切です。

正解 ❷

ギャンブルで賭けるのは
おやつ程度に

賭博罪

事例
A君と学生時代の友人、H君、I君は、大のプロ野球好き。A君の好きなチームと、H君、I君がそれぞれ好きなチームが、1〜3位に入っていたため、どのチームが日本シリーズに勝ち進むかを予想し、的中した人に、外れた人がそれぞれ5万円を支払うという賭けを行いました。

結果として、4位のチームが大逆転で勝ち抜いてしまったため的中者はおらず、金銭の支払はなされませんでした。

個人レベルであっても、賭け事は禁止されておるんじゃ。

01 賭博罪とは

刑法185条は、「賭博をした者は、50万円以下の罰金又は科料に処する。ただし、一時の娯楽に供する物を賭けたにとどまるときは、この限りでない」と定めています。これは（単純）賭博罪と呼ばれる罪で、偶然の事情に勝敗をかけて財物を得ようとする行為を処罰するものです。

しかし、条文では「一時の娯楽に供する物」を賭けた場合には、賭博罪は成立しないとしています。「一時の娯楽に供する物」とは、たとえば、お菓子や飲食物など、経済的価値が少なく、単なる娯楽のためにその場で費消するものをいいます。

なお、競輪や競馬、サッカーくじといった公営の賭博・富くじについては、競馬法、自転車競技法、スポーツ振興投票の実施等に関

する法律といった特別法により正当化されています。

⑫ A君らの行為は、違法か

▮ 賭博罪にあたるか

　賭博罪にいう「賭博」とは、偶然の勝敗により財物や財産上の利益の得喪を争う行為をいいます。賭け麻雀などが典型例ですが、そのほかにもさまざまな行為がこれに該当し得ます。

　本事例で、A君、H君、I君の3人は、プロ野球の優勝チームに5万円を賭けています。どのプロ野球チームが優勝するかは、チームの実力が勝敗を決するとはいえ、優勝するか否かは実際に試合が行われ、勝敗を重ねた結果になります。つまり、偶然の事情により勝敗が決まるといえるので、プロ野球の試合の勝敗に金銭を賭ける行為は、「賭博」に該当します。

　なお、判例は、金銭そのものを賭ける場合には、その性質上額の多少にかかわらず「賭博」に該当するとしています。そのため、仮に賭け金が1,000円程度であったとしても、賭博罪の成立を妨げられません。

▮ 実際にお金を払わなかった場合は

　本事例では、A君、H君、I君が賭けの対象としたチームはいずれもリーグ優勝できなかったため的中者はおらず、お金の支払はな

されませんでしたが、賭博罪が成立するのでしょうか。

　この点、判例は、賭博罪は賭博行為に着手すれば既遂（犯罪に着手して、犯罪が完成した状態）となり、勝敗の決定や財物の授受などが行われたことを要しないとしています。この判例では、お金を出し、親を決めるために花札を配布したときは既遂になるとしました。つまり、A君、H君、I君が賭けの合意をした時点で既遂になると考えられ、実際にお金が支払われなくても、賭博罪は成立することになります。

⑬ 類似の犯罪とまとめ

　その他、以下のような同様の犯罪があります。

■ 常習賭博罪

　これは、ギャンブルを常習的に行っている場合に刑を重くしたものです。「常習」とは、方法、賭け金の多少、期間などで総合的に判断されます。A君、H君、I君が「常習」的にギャンブルをしていれば、罪が重くなる可能性があります。

② 賭博場開帳等図利罪

　また、「賭博場を開張したり、博徒を集めて利益を得ようとすること」も犯罪になります。つまり、自ら主催者となって賭博の場所を開設することをいい、場所的集合がなくてもこの罪にあたる可能性があります。たとえば、優勝チームがどこかを賭けるために一定の場所を提供し、参加者から手数料を徴収していると、賭博場開帳等図利罪が成立する可能性があります。

③ まとめ

　A君、H君、I君の行為は賭博です。純粋に好きなチームを応援して、賭けるとしてもおやつ程度にしてスポーツ観戦を楽しんでください。

確認問題

〔問〕 **Ａさんの行為に関する記述について、適切なものは次のうちどれですか。**

❶ 将棋のプロと素人が打つ将棋で、素人が勝てば、ＡさんがＢさんから１万円をもらう賭けをした場合、名人がほぼ勝つことがわかっているため、賭博罪は成立しない。

❷ ＡさんとＢさんがするゲームで、勝ったほうが負けたほうに食後のデザートをごちそうするという賭けをした場合、賭博罪に該当しない。

❸ ＡさんとＢさんが、プロ野球の試合の勝敗に１万円を賭けたが、引き分けて１万円の支払がなかった場合は、賭博罪は成立しない。

賭博罪における「賭博」とは、偶然の勝敗により財物や財産上の利益の得喪を争う行為をいいます。偶然性は、賭博した人にとって主観的に存在すれば足り、客観的に不確定であることは要しません。将棋においてはプロとアマの実力差は大きく、勝敗は見えているようにも思えますが、何が起こるかわからないのが勝負の世界ですから、偶然性が認められるでしょう。よって、❶ は不適切です。

「一時の娯楽に供する物」を賭けた場合には賭博罪は成立しないとされています。「一時の娯楽に供する物」とは、たとえば、お菓子や飲食物など、経済的価値が少なく、単なる娯楽のためにその場で費消するものをいいます。食後のデザートは「一時の娯楽に供する物」に該当すると考えられます。よって、❷ は適切です。

判例は、賭博罪は賭博行為に着手すれば既遂となり、勝敗の決定や財物の授受などが行われたことを要しないとしています。つまり、お金の支払がなくても賭博罪は成立します。よって ❸ は不適切です。　　　**正解　❷**

3. トラブル・その他に関するコンプライアンス

(1) トラブルは身近にあります

　街を歩いていると、さまざまな人が行き交っています。お店に入れば、店員やほかのお客さんがいて、買い物を楽しんでいます。

　そのような中、人とぶつかってしまったり、並んでいる列に横入りされたり、店員の態度がなまいきだったりすると、つい、カッとなってしまうのではないでしょうか。

　もちろん、「ごめんなさい」「いいんです」という具合に穏便に済めばいいのですが、昨今の傾向からいうと、暴力を振るってしまう、謝罪や土下座を要求する、SNSで相手や店をさらして叩く……といった対応をして、ニュースになってしまうことがあります。

　暴力を振るえば当然犯罪となりますし、不法行為による損害賠償責任を負うことにもなりかねません。暴力を振るわなくても、土下座をしろと強要したり、「誠意を見せろ」と言って多額の金銭を要求したりすると、これも犯罪になります。

　SNSで相手や店の名前、写真などをさらして攻撃することは、事例06でも解説しましたが、名誉毀損罪や侮辱罪にあたることも考えられます。

　本節では、こういった身の周りのトラブルに関連するコンプライアンスを中心に解説します。

　前述のような犯罪行為によって、逮捕されたり、損害賠償を支払ったりするだけでなく、それ以上に、被害者やその家族が、とてもつらい思いをすることになります。

(2)　そのほか、プライベートで気をつけるべき事柄

　そのほかにも、プライベートでは気をつけなければならないことはたくさんあり、本書ですべてをカバーすることはできませんが、たとえばインターネットによって匿名でつながっている人や、街で歩いている人、お店の人など、実際に交友関係のない人とのトラブルも考えられます。

　インターネット上のトラブルについては、これまでも解説してきたように、たとえ匿名であっても、犯罪性のある書き込みは特定されて逮捕されることがありますし、恥ずかしい写真などのデータは、一度インターネット上にアップされると、回収・消去することは不可能になります。この点については、改めて気をつけましょう。

　そして、事例44のように、自分のものであっても勝手に取り返すと犯罪になり得る、ということはぜひ知っておいてください。では、具体的な事例で解説していきましょう。

3　トラブル・その他に関するコンプライアンス ＞＞＞＞＞＞＞＞＞＞＞＞＞＞

事例41　「店員むかつく！　土下座しろ！！」（強要罪等）

事例42　「トロトロ走るとあおるぞ！　コラァ！」（あおり運転）

事例43　「最初に手を出してきたのは相手なのに…」
　　　　　　　　　　　　　　　　　　　　　（正当防衛・過剰防衛）

事例44　「盗られたら盗り返す！」（自救行為）

事例45　「友達からナイスな情報ゲットだぜ！」

　　　　　　　　　　　　　　　　　　　　（インサイダー取引）

41 店員むかつく！土下座しろ！！

強要罪等

事例

C課長が飲み会で泥酔をし、1人でラーメン屋に寄ったときのことです。会計時、財布から小銭を取り出すのに手間取っていたら、レジの店員が軽く舌打ちするのが聞こえました。

C課長がその店員に「その態度は何だ！ 謝れ！」と言いましたが、店員は無言のままでした。

頭に血が上ったC課長は、こぶしをポキポキ鳴らしながら、「土下座をして謝れ……」「その若さで死にたいのか？」「土下座をしないなら、お前がこの店にいられないようにしてやる！」などと大声で怒鳴りつけました。

血の気の多い人が日常でよく使う「殺すぞ」といったセリフは、吐くだけで脅迫罪にあたることがあるんじゃ。

C課長は頭に血が上ったとはいえ、店員を大声で威嚇し、土下座を求めています。このようなC課長の行為に法律上の問題はないのでしょうか。

01 C課長の行為の違法性

1 殺人罪の成否

C課長はまず、「その若さで死にたいのか」と言っています。このような発言をすると、殺人罪や殺人未遂罪にあたるのでしょうか。

殺人罪は、人を殺す意思を持って殺さないと成立しません。また、殺人未遂罪は、殺すことを実行（殺そうとして包丁で切りつける等）しなければ成立しません。そのため、C課長の行為は殺人罪や殺人

218

未遂罪にはあたりません。

2 脅迫罪・強要罪の成否

　C課長の「その若さで死にたいのか」という発言は、相手を畏怖（おそれ）させる程度の害悪の告知にあたります。こういう発言をすると、脅迫罪にあたることになります。そして、相手をおそれさせて、そのうえで土下座など、相手の意思や義務に反した行動を強制すると、強要罪にあたることになります。

　C課長は、店員に対して大声で土下座を求め、「土下座をしないなら、お前がこの店にいられないようにしてやる」と発言しています。殺すことをほのめかしたうえで、店員としての地位を奪うといった、店員の名誉や財産を害する内容の発言をしており、店員を畏怖させる程度であると考えられます。店員がこれに応じて土下座をすれば、強要罪が成立します。もし、店員が最終的に土下座をしなくても、脅迫罪、または強要未遂罪が成立します。

02 関連する犯罪行為

　こういった場面においては、頭に血がのぼった状態の人はいろいろなことを口走ってしまうと思います。

　もしC課長が、店員に土下座をさせた後に「気分を害したから金は払わないぞ」「金を請求するなら、ぶん殴らせろ」などと言って、

支払をせずに店を出た場合はどうでしょうか。

その場合には、恐喝罪または強盗罪が成立する可能性があります。

恐喝罪は、被害者に対して、その反抗を抑圧するに至らない程度の脅迫または暴行を加えて財産上の利益を得た場合に成立します。ざっくりいうと、被害者が抵抗すれば何とかなるかもしれない状況（犯人が被害者を抑圧できない状況）です。

また、強盗罪は、反抗を抑圧する程度の脅迫または暴行を加えて財産上の利益を得た場合に成立します。ざっくりいうと、被害者が反抗することができない程度の状態をいいます。恐喝と強盗の区別は難しいのですが、一般人の感覚で判断するものとされています。

その場の状況や「支払えというのなら、ぶん殴る」との発言の態様などによって、反抗を抑圧する程度の強い脅迫だと認められれば、強盗罪が成立することになります。

(03) まとめ

脅迫罪や強要罪では、「相手を畏怖させる」という要件がありました。これは、相手方本人だけではなく、その家族等に向けられた場合も当てはまります。つまり、「お宅の娘さん、かわいいよねえ。登下校時は気をつけないとねえ」など家族に危害を加えることを示唆しておそれさせる場合もあてはまります。

「お客さまは神様です」という言葉がありますが、法律上は、物やサービスを提供して対価を支払ってもらうという、対等の契約関係に立っている当事者同士です。もちろん、ラーメンにゴキブリが入っていたといった場合には話は変わってきそうですが、店員の態度が気に入らないからといって、脅迫、強要、恐喝、強盗のような行為をすることは絶対にやめましょう。

確認問題

〔問〕 Aさんの行為に関する記述のうち、適切でないものは次のうちどれですか。

〈事例〉 Aさんが深夜に定食屋でスマホを見ながら食事をしていたところ、隣に座っていた酔っ払った様子の年配の客が、Aさんに聞こえるように「スマホを見ながら食事をするような育ちの悪い奴は出て行け」と呟きました。Aさんは無視していましたが、年配の客はその後も「親の顔が見たい」「ろくでもない」としつこく呟くので、Aさんはカッとなって、年配の客の襟首を後ろからつかんで引き倒しました。

❶ Aさんに暴行罪が成立する可能性がある。

❷ 年配の客がケガをした場合には、Aさんが治療費を負担しなければならない。

❸ 酔って絡んできた年配の客が悪いので、Aさんは一切刑事責任を負わない。

　年配の客の襟首を後ろからつかんで引き倒す行為は、人の身体に対して不法に有形力を行使することですので、暴行罪が成立します。よって、❶は適切です。

　年配の客の襟首を後ろからつかんで引き倒したことにより、年配の客がケガをした場合には、民法上の不法行為が成立し、Aさんが治療費を負担しなければなりません。よって、❷は適切です。

　自分の権利（生命や財産）を守るためにやむを得ず反撃した場合には、正当防衛が成立し、違法ではなくなり処罰されません。正当防衛が成立するためには、防衛行為が侵害に対する防衛手段として相当性を有することなど、厳しい要件をクリアしないといけません。言葉による嫌がらせに対して暴力で対抗した場合には、正当防衛の成立は難しいでしょう。よって、❸は不適切です。　　　　　　　**正解　❸**

42 トロトロ走るとあおるぞ！コラァ！

あおり運転

事例

D君は、車に乗ってハンドルを握ると人が変わってしまいます。ある日、目的地まで急いでいたD君は、前方を走る初心者マークをつけた軽自動車が制限速度より大幅に遅い速度で走っていることに苛立ち、ぎりぎりまで車間距離を詰めてクラクションを何度も鳴らしました。

前方の車は速度を上げましたが、D君の怒りは収まらず、車間距離を詰めてクラクションを鳴らし続けながら、前方の車をしつこくあおりました。

あおり運転については、トラブルが多発したため、道路交通法の改正で重い罪になったんじゃ。

01 あおり運転とは

あおり運転は、特定の車（運転者）に対して嫌がらせ、挑発、威圧的な言動などをするものであり、重大な交通事故につながる非常に悪質で危険な行為です。

もともとあおり運転を直接規制する法律はなく、事象によって道路交通法や刑法などを適用するような形になっていましたが、あおり運転行為が社会問題化したことを受け、2020年の道路交通法改正により、あおり運転を「妨害運転罪」として処罰することになりました。本項では、この妨害運転罪を中心に解説していきます。

妨害運転罪の創設により、今までより重い罰則が科されることになります。また、高速道路で行うと、飲酒運転と同様の重い罰則が科されます。

⓶ あおり運転（妨害運転罪）の 10 類型

妨害運転罪は、以下の 10 類型からなっており、違反をすると、3 年以下の懲役または 50 万円以下の罰金に処せられます。

1 通行区分違反

車は、道路（車道）の中央から左の部分を通行しなければなりませんが、これに違反すると通行区分違反となります。

2 急ブレーキの禁止違反

車の運転者は、危険を防止するためやむを得ない場合を除き、車を急に停止、またはその速度を急激に落とすような急ブレーキをかけてはいけません。

3 車間距離の不保持

車は、その直前に走っている車が急停止したとしても、追突せずにすむように、必要な車間距離を保たなければなりません。

4 進路変更の禁止違反

車は、変更先の進路（車線等）に後ろから車が走ってきて、進路変更をするとその車が急ブレーキ等をしなければならなくなるような場合は、進路を変更してはいけません。

5 追越し違反

車が前の車を追い越す場合は、その前車の右側から追い越さなければならず、追越しをしようとする車は、反対車線や後方からの車等に十分に注意して、できる限り安全な速度と方法で追い越さなければなりません。

6 減光等義務違反

車が、夜間、他の車と行き違う場合や、他の車の直後を走る場合に、他の車の交通を妨げるおそれがあるときは、運転者はハイビームをやめてロービームにするなどの操作をしなければなりません。

7 警音器（クラクション）の使用制限違反

運転者は、法令で決められている場合や危険防止のためにやむを得ない場合を除いて、クラクションを鳴らしてはいけません。

8 安全運転義務違反

運転者は、車のハンドル、ブレーキ等を確実に操作し、道路や交通等の状況に応じて、他人に危害を及ぼさないような速度と方法で運転しなければなりません。

9 高速道路での最低速度違反

車は、高速道路において、法令で決められている場合や危険防止のためにやむを得ない場合を除き、道路標識や政令で定める最低速度未満の速度で走ってはなりません。

10 高速道路での駐停車違反

車は、高速道路においては、法令の規定や警察官の命令、危険を防止するために一時停止する場合以外は、停車・駐車をしてはなりません。ただし、故障や料金所等ではこの限りではありません。

また、上記 1〜10 の違反をして、高速道路において他の車を停止させたり、その他道路における著しい交通の危険を生じさせたりした場合は、5 年以下の懲役、または 100 万円以下の罰金に処せられます。

03 まとめ

D君は、前方を走る初心者マークをつけた軽自動車が制限速度より大幅に遅い速度で走っていることに苛立ち、ぎりぎりまで車間距離を詰めてクラクションを何度も鳴らしています。これは、前述の 3 車間距離の不保持や、7 警音器（クラクション）の使用制限違反となります。

罪になるからやめるのではなく、一ドライバーとして良識をもって、あおり運転をしないよう心がけてください。

確 認 問 題

〔問〕 運転中のスマートフォンの使用に関する記述のうち、適切なものは次のうちどれですか。

❶ 自動車の運転中であっても、目前で人身事故が発生し、救急車を呼ぶために通話することは、道路交通法に違反しない。

❷ 原動機付自転車の走行中は、スマートフォンで通話しても道路交通法に違反しない。

❸ 自動車を走行させている間に、スマートフォンを手で握っただけでも道路交通法に違反する。

　自動車の運転中にスマートフォンや携帯電話で通話をしたり、画面を注視することは禁止されていますが、ケガ人の救護や公共の安全の維持のためにやむを得ずに行う場合は、走行中の通話であっても禁止されません。よって、❶ は適切です。

　原動機付自転車でも、走行中にスマートフォンで通話をすると、道路交通法に違反します。よって、❷ は不適切です。

　運転中に、スマートフォンを握ることまでは禁止されていません。よって、❸ は不適切です。　　　　　　　　　　　　　　　　**正解　❶**

43 最初に手を出してきたのは相手なのに…

正当防衛・過剰防衛

事例
Gさんが駅の通路を歩いていたところ、前から歩いてきた男性と肩がぶつかりました。そのまま立ち去ろうとしたGさんに対し、男は「おい、謝れ」と怒鳴り、Gさんの襟首をつかんで引き倒しました。Gさんは腹立たしい気持ちになり、立ち去ろうとする男性を追いかけて後ろから蹴り飛ばしました。その結果、男性は転倒し、頭を強く打って亡くなってしまいました……。

Gさんはやられたらやり返す、を実践したようじゃが、大変なことをしてしまったのう…。

01 やられたらやり返す！ でも罪になることがある

先にGさんを引き倒したのは相手の男性のほうでしたが、その後、Gさんは相手の男性を転倒させ、死亡させてしまいました。Gさんは、刑法上、どのような責任を負うのでしょうか。

人を殺してしまった場合、殺人罪、傷害致死罪、過失致死罪などが成立する可能性があります。それぞれ成立の要件が違いますが、Gさんの場合はどれにあたるでしょうか。

また、先に相手が手を出している点については、正当防衛や過剰防衛が問題となります。

02 傷害致死罪とは

刑法205条は、「身体を傷害し、よって人を死亡させた者は、3

年以上の有期懲役に処する」と傷害致死罪について定めています。殺すつもりがあれば殺人罪に問われますが、殴って痛めつけようとした結果、死んでしまった場合は、傷害致死罪に問われます。また、痛めつける気持ちもなく、何かの拍子で相手が死んでしまった場合、過失致死罪が問われます。

　傷害致死罪や過失致死罪と殺人罪の違いは、人を殺す目的があるか否かにあります。人を殺す目的はなくとも、蹴ってケガをさせようとしたＧさんの行為は、傷害致死罪の構成要件にあてはまります。

03 違法性阻却事由にあたるのか

　正当防衛という言葉を聞いたことがあるでしょうか？　自分が殺されそうな時に相手を殺してしまったら罪が許されるものです。このように、犯した罪の違法性を正当化するような事由を「違法性阻却事由」といいます。

1 正当防衛

　正当防衛について、刑法36条は「急迫不正の侵害に対して、自己又は他人の権利を防衛するため、やむを得ずにした行為は、罰しない」と定めています。すなわち、違法な侵害が迫っている場合に、その侵害から防衛するためやむを得ず反撃すること、つまりやらなければやられる、という場合は違法とならず、犯罪は成立しない、ということを意味します。

　このように、正当防衛が成立するためには、違法な侵害が間近に差し迫っていることや、侵害を排除して権利を防衛する意思があることが要件となります。

2 過剰防衛

　一方、「防衛の程度を超えた行為は、情状により、その刑を減軽し、又は免除することができる」と定めています。素手で殴りかかってきているのに、鉄砲で応戦するような場合は、やりすぎということ

で正当防衛にはあたらず、過剰防衛となります。

過剰防衛にあたる場合には、正当防衛とは異なり、違法ではあるものの、情状によって刑が減免されます。

❸ 誤想防衛

侵害が迫っていないのに、迫っていると思って防衛行為を行った場合（誤想防衛・誤想過剰防衛）には、違法ではあるものの、責任がないとされることがあります。

⑭ Gさんはギルティ（有罪）？　ノットギルティ（有罪でない）？

Gさんは男性に襟首をつかまれて引き倒されています。この時点で男性には暴行罪が成立します。これに対してGさんは、立ち去ろうとする男性を蹴り飛ばし、その結果死亡させており、傷害致死罪の構成要件にあてはまります。

先に手を出したのは男性のほうですが、Gさんの反撃は正当防衛にあたるでしょうか。Gさんが攻撃をしたのは、男性が立ち去ろうとした時で、Gさんにとって違法な侵害が差し迫っている状況ではありません。また、Gさんは引き倒された腹立たしさから男性を蹴り飛ばしており、防衛する意思で行ったわけでもありません。

したがって、Gさんの反撃は正当防衛にはあたらず、傷害致死罪が成立し、過剰防衛の減免もありません。

⑮ まとめ

歩いていて他人とぶつかることは日常よくあることです。まずは前を見てしっかり歩くこと。歩きスマホなどはもってのほかです。そして、ぶつかったら謝ること。それでもトラブルになるようならその場から離れるなど、最悪の事態を避けるようにしましょう。

確 認 問 題

〔問〕 Aさんの行為に関する記述のうち、適切なものは次のうちどれ
ですか。

〈事例〉 Aさんは、帰宅途中に夜道を歩いていた際、突然男性に腕を
つかまれ、路地裏に連れていかれそうになりました。恐怖を感じたA
さんがとっさに大声を上げて男性の腕を押したところ、男性は思わず
バランスを崩して転倒し、頭を強く打って死亡しました。

❶ 過剰防衛に該当する。

❷ 誤想防衛に該当する。

❸ 正当防衛に該当する。

Aさんが男性に対して腕を押し、そのために男性が死亡したということだ
けに着目すれば、Aさんに傷害致死罪が成立するようにも思えます。しかし、
Aさんは突然男性に腕をつかまれて路地裏に連れていかれそうになってお
り、違法な侵害が間近に差し迫っているという緊急状態にある（「急迫不正
の侵害」がある）といえます。そしてAさんは身を守るために男性の腕を押
し戻しているので、防衛の意思があり、防衛行為の程度も強過ぎるという
ことはないので、Aさんには、正当防衛が成立します。

実際に男につかまれて路地裏に連れていかれそうになっているので、A
さんの誤信ではなく、誤想防衛には該当しません。もし、男性が、Aさん
が落とした財布を拾って、Aさんに返すために腕をつかんだだけだったとし
たら、誤想防衛となる可能性があります。

また、もし、Aさんが、持っていた護身用ナイフで男の心臓を突き刺し、
その結果男が死亡したような場合には、防衛行為の程度が強過ぎるものと
して、過剰防衛となる可能性があるでしょう。

Aさんには正当防衛が成立し、誤想防衛や過剰防衛にはあたりません。
よって、❸ が適切です。

正解 ❸

44 盗られたら盗り返す！

自救行為

事例　A君は通勤の際に最寄り駅まで自転車を使っています。ある日の帰宅時、駐輪場に置いていたはずの自分の自転車がなくなっていました。周囲を探しましたが見つかりませんでした。

　ところが、その３ヵ月後、近くのスーパーの駐輪場で、自分の自転車が停めてあるのを発見しました。キズの位置などから、自分のものに間違いはありません。

　誰かがその自転車を使っているようでしたが、「いまを逃したら取り戻せないかもしれない」と思ったA君は、その自転車に乗って帰りました。

　自分の自転車だから取り返す……。そうしたいところではあるが、一度手を離れたら、勝手には持ち帰れないのじゃ。

　A君は自分が所有する自転車を盗まれた後、その自転車を自分で取り戻しています。自分のものを取り戻したA君の行為は、法律上問題とならないのでしょうか。問題となる場合、どのような対処をすべきなのでしょうか。

01 窃盗罪と占有のおさらい

1 窃盗罪のおさらい

　他人の物を勝手に自分の物にしてしまうことは、事例04で解説した「窃盗罪」にあたりますが、ここでは自分の物を取り返すということが、窃盗にあたるのか、ということが問題となります。

　窃盗罪の成立には、「他人の」「財物を」「盗取する」ことが必要

となります。

「財物」の要件は、自転車ですから満たされていると考えてよいでしょう。また、「盗取する」も、勝手に持ち帰っているので要件は満たされています。問題となるのが、「他人の」という要件です。

2 占有とは？

占有とは、民法上は、（自分が利益を受ける意思で）物を現実的に支配していること、刑法上は、財物に対する事実上の支配をいいます。刑法の話になりますので、こちらの考え方で考えますと、これはこの人のもの（この人が買ったり借りたり正当な法的手続を経て支配下・管理下に置いている）ということが外見からわかる状態にある、ということです。

「他人の」という要件は、その他人が財物を事実上所持するなど占有状態にあれば満たされます。実際に法律上正当に所持する権限を有しているかどうかは問われません。

そのため、盗まれた自分の物を見つけたからといって、現在他人が占有している場合にそれを取り戻す行為は、原則として窃盗罪にあたり、自分が泥棒したことになってしまいます。

02 ではどう対処すればよいか

1 対処のしかた

盗まれた自分の所有物を後日見つけた場合には、ただちに警察に通報し、警察を通じて取り戻すのがよいでしょう。

現在は道路交通法により、自転車には防犯登録が義務付けられています。登録番号を控えておけばスムーズに手続が進みます。

2 目の前で盗られた場合

もし、A君がコンビニに自転車を停めていて、会計中に自転車を誰かが乗っていってしまうのを目撃し、追いかけて停止させ、取り戻した場合はどうなるでしょうか。

この場合は、占有はＡ君にあるので、窃盗罪にはなりません。また、停止させる際に窃盗犯の腕をつかむなど形式的には暴行罪にあたる場合でも、正当防衛が成立する可能性があります。もっとも、自転車を停止させる際に、引きずり倒してケガをさせてしまうと傷害罪が成立し、腹立ち紛れに窃盗犯を殴ってケガをさせると、これも当然に傷害罪が成立します。

03 まとめ

　Ａ君としては、自分の自転車なのになぜすぐに取り返せないのか、もどかしく思うでしょう。一度他人に占有が移ってしまった場合は、法律にのっとって、適切に取り返すしかないのです。

プラスワン

自救行為

　今回のケースには当てはまりませんが、権利に対する侵害があった場合に、正規の法的手続による救済を待っていては権利の回復が不可能になってしまうようなときに、自分の力で権利救済を図ることを、刑事上、自救行為といいます。なお、同様の権利救済行為を民事上では自力救済といいます。

　刑法では、原則として、自救行為を認めていません。それは、権利侵害があった場合に誰でも自ら権利の回復のために実力行使できるとすれば、各々の実力行使が横行し、社会の秩序が揺らいでしまうからです。

　もっとも、自救行為はまったく認められないわけではなく、一般的には、①被害回復の緊急性があること、②自救行為の方法や態様が相当であることなどの厳しい要件のもとで、例外的に認められる場合があるとされています。

確 認 問 題

〔問〕 **Aさんの行為に関する記述のうち、適切でないものは次のうち　どれですか。**

〈事例〉 Aさんは、半年前に盗まれた自転車が、近所の家の庭に停めてあるのを偶然発見しました。周囲に人の気配がなかったので、Aさんは門を開けてその家の庭に入り、自転車を取り戻して帰宅しました。

❶　自分のものを取り戻すので、刑法上問題はない。

❷　住居侵入罪が成立する可能性がある。

❸　自分の自転車であっても、窃盗罪が成立する可能性がある。

　まず、半年前に盗まれた自転車を取り戻すことは、現在の所持者の占有を侵害する行為であり、窃盗罪が成立する可能性があります。

　また、勝手に他人の家の敷地に入った場合、住居侵入罪が成立する可能性があります。住居侵入罪は「正当な理由がないのに」侵入した者を罰していますが、自転車を取り戻す行為が窃盗罪となり得るため、「正当な理由」とはいえない可能性があります。よって、❶が不適切です。　　**正解　❶**

45 友達からナイスな情報ゲットだぜ！

インサイダー取引

事例

　X社のA君は、上場企業であるR社に就職した友達と、久しぶりに飲むことになりました。

　飲んでいる最中、友達が「今、うちの新商品の開発に関わっててさ。これが世に出たらめちゃくちゃ売れて、企業価値も爆あがりだよ」と言いました。どのような商品かなど詳しくは教えてくれませんでしたが、A君は（これってもしかしてR社の株を買えば儲かってウハウハなんじゃないか？ ひひひ）とひそかに思いました。

　なにやらコンプラ違反のにおいがするぞい。

　インサイダー取引とは、上場企業の関係者等が、その職務や地位により知った、投資判断に重大な影響を与える未公表の会社情報を利用して自社株等を売買することで利益を得たり損失を免れたりしようとする取引をいいます。

　このような取引は、金融商品取引法上規制されています。

01 インサイダー取引が成立してしまう要件

　インサイダー取引が成立する要件は、次のようになっています。

1 会社関係者が取引をする場合

　会社関係者とは、上場会社やその親会社・子会社の役員、代理人、使用人その他従業者などをいいます。そのほか、一定の株主などもあてはまります。このような関係者が未公開の情報を知ったうえで

株の売買をすると、金融商品取引法違反となります。Ａ君の友達はＲ社の社員であるため、会社関係者といえるでしょう。そして、担当者として未公開の重要事実を知っているため、もしこの友達がＲ社の株の取引をした場合、金融商品取引法違反となります。

2 会社関係者から情報を取得した人（情報受領者）が取引をする場合

この会社関係者から未公開の情報を聞いて株の取引をする場合も、情報受領者がしたインサイダー取引として金融商品取引法違反となります。会社関係者の家族や、事例のような友達関係であってもこの情報受領者にあたり、Ａ君がＲ社の株を買ってしまうと、金融商品取引法違反となります。

3 重要事実が公表されていない事実であること

会社関係者や情報受領者がＲ社の株取引等をする場合、Ｒ社の業務に関する重要事実が公表されてからでなければいけません。なお、ここでいう業務等に関する重要事実とは、会社の業務執行を決定する機関（取締役会など）が資本金の額を減少すること、合併があること、災害による損害があったこと、といった投資者の投資判断に及ぼす影響が大きいと思われる未公表の事実をいいます。

02 注意点

1 マイナスの情報を得た場合はどうなるの？

たとえば、会社が倒産しそう、といった情報もインサイダー情報になります。そういった情報を得て、株が暴落するあるいは紙くずになる前に売ってしまう行為も、金融商品取引法違反となります。

2 結果的に損した場合はどう？

Ａ君がＲ社の株を買ったとしても、新商品が売れなかった、あるいは不祥事が発覚して株価があがらずに損をしてしまった場合、どうなるでしょう。この場合も、金融商品取引法違反となります。損

をした、得をしたということではなく、重要情報に基づいて株の取引等をしたような場合は、インサイダー取引に当たります。

　なお、会社関係者や情報受領者が重要事実等を知らずに行った売買であれば、インサイダー取引にはなりません。

03 まとめ

　家族や友人に上場企業に勤める人がいた場合、思いがけずうっかりインサイダー情報を入手してしまうことがあるかもしれません。このような情報を知った時点で情報受領者となります。お金持ちになるチャンスかもしれませんが、R社の株を買うようなことはやめておきましょう。なお、インサイダー取引をすると、刑事罰（5年以下の懲役または500万円以下の罰金）や課徴金などが課されることがあります。

【ＣＢＴ方式】社会人コンプライアンス検定試験　実施要項

社会人コンプライアンス検定試験は、ＣＢＴ方式による試験です。お申込みおよび受験の詳細につきましては、CBT-Solutions　試験ポータルサイトをご覧ください。

社会人コンプライアンス検定試験　CBT-Solutions　試験ポータルサイト

➡ **https://cbt-s.com/examinee/**

お問合せ先

■検定試験の内容に関わるお問合せ

　日本コンプライアンス・オフィサー協会　　　https://jcoa.khk.co.jp/

　〈実施・運営〉㈱経済法令研究会　ＣＢＴ試験事務局

　TEL：03-3267-4817（平日9：00〜17：00　※年末年始を除く）

■試験の申込方法や当日についてのお問合せ

　受験サポートセンター（CBT-Solutions）

　Ｅメール：help@cbt-s.com

　TEL：03-5209-0553（平日9：30〜17：30　※年末年始を除く）

試験申込日程	随時（ＣＢＴ方式：全国のＰＣ設置会場でのＰＣによる受験です。都合の良い試験日時・会場を選択して受験可能です）
試験実施日程	2020年10月15日以降随時（年末年始を除く）
申込方法	インターネット受付のみ。申込日より3日目以降の予約が可能
受験料	4,950円　　※消費税率10%込の金額です
出題形式 試験時間	ＣＢＴ三答択一式　50問　60分
合格基準	100点満点中70点以上
結果発表	即時判定。試験終了後にスコアレポートが配布されます。合格者は、試験日の翌日以降にマイページから合格証をダウンロードできます。
試験範囲	1．コンプライアンスの基本、重要性、倫理観 2．大人・社会人として知っておくべき法律の基本知識 3．ビジネスシーンにおけるコンプライアンス 　・オフィスにおけるコンプライアンス 　・顧客に対するコンプライアンス 　・取引先に関するコンプライアンス 　・その他 4．プライベートにおけるコンプライアンス

〔監修〕

長谷川　俊明（はせがわ　としあき）
長谷川俊明法律事務所代表。
1973年早稲田大学法学部卒業。1977年弁護士登録。1978年米国ワシントン大学法学修士課程修了（比較法学）。元国土交通省航空局総合評価委員会委員、元司法試験考査委員（商法）。日本コンプライアンス・オフィサー協会会長。
現在、渉外弁護士として、企業法務とともに国際金融取引や国際訴訟を扱う傍ら、企業の社外役員を務める。
主な著作：『アフターコロナの「法的社会」日本』『「国際商事法」の事件簿〜過去の有名事件から学ぶ国際ビジネス紛争の解決策』『マイナンバー時代の身近なコンプライアンス』『企業による従業員情報管理のマイナンバー対応Ｑ＆Ａ』『実践 個人情報保護対策Ｑ＆Ａ』『敵対的企業買収への対応Ｑ＆Ａ』『実践 新会社法対策Ｑ＆Ａ』（以上、経済法令研究会）、『個人情報保護・管理の基本と書式』『海外子会社のリスク管理と監査実務』『新しい取締役会の運営と経営判断原則〔第２版〕』『データ取引契約の基本と書式』『英文契約一般条項の基本原則Ｑ＆Ａ』『海外事業の監査実務』（以上、中央経済社）、『法律英語と紛争処理 改訂版』『法律英語とガバナンス』『法律英語の用法・用語 改訂版』『条項対訳 英文契約リーディング』（以上、第一法規）ほか多数。

前田　智弥（まえだ　ともひろ）
2012年３月慶應義塾大学総合政策学部卒業。2015年３月同大学大学院法務研究科修了。
2019年１月弁護士登録（東京弁護士会）。同年２月長谷川俊明法律事務所入所。2021年７月〜慶應義塾大学通信教育部科目担当員（行政法）。
主な著作：『業務委託契約の基本と書式〔第２版〕』共著『個人情報保護・管理の基本と書式〔第２版〕』共著（以上、中央経済社）、「テレワークの導入と法的留意点」共同執筆（『銀行法務21』859号・経済法令研究会）、「契約書の見直しが必須 業務委託契約の進化と対応」共同執筆（『ビジネス法務』2022年11月号・中央経済社）ほか。

社会人なら知っておきたい　コンプライアンスの落とし穴〔第2版〕

2020 年 10 月 2 日	初版第 1 刷発行	
2021 年 5 月 13 日	第 2 刷発行	
2022 年 4 月 15 日	第 3 刷発行	
2023 年 10 月 15 日	第 2 版第 1 刷発行	

編　者　日本コンプライアンス・オフィサー協会

監　修　長谷川俊明　前田智弥

発行者　志　茂　満　仁

発行所　㈱経済法令研究会
　　　　〒 162-8421　東京都新宿区市谷本村町 3-21
　　　　電話 代表 03(3267) 4811　制作 03(3267) 4823
　　　　https://www.khk.co.jp/

〈検印省略〉

営業所／東京 03(3267) 4812　大阪 06(6261) 2911　名古屋 052(332) 3511　福岡 092(411) 0805

カバーデザイン／久世 優子　イラスト／原 綾乃　制作協力／㈱ビーケイシー
制作／船田 雄 樋田百合子　印刷・製本／加藤文明社

©Japan Compliance Officer Association 2023　Printed in Japan　　ISBN978-4-7668-2493-3